D1758638

GUÍA DE LOS ANIMALES

Primera edición: febrero de 2018
© del texto y de las ilustraciones: Roc Olivé Pous
© de la edición:
9 Grupo Editorial
Lectio Ediciones
C/ Muntaner, 200, ático 8.º • 08036 Barcelona
Tel. 977 602 591 • 93 363 08 23
lectio@lectio.es
www.lectio.es

Diseño y composición: Nèlia Creixell
Impresión: GPS Group
ISBN: 978-84-16918-29-4
DL T 98-2018

GUÍA DE LOS ANIMALES

ROC OLIVÉ

ROUND LAKE AREA
LIBRARY
906 HART ROAD
ROUND LAKE, IL 60073
(847) 546-7060

ediciones
Lectio

ANIMALES

VERTEBRADOS ANCESTRALES

VERTEBRADOS CON MANDÍBULAS

VERTEBRADOS CON ALETAS RADIADAS

VERTEBRADOS CON ALETAS CARNOSAS

VERTEBRADOS CON PATAS

VERTEBRADOS TERRESTRES (REPTILES)

CLASIFICACIÓN DE LOS VERTEBRADOS

Intensos estudios basados en métodos cladísticos, sobre todo a partir de la década de los ochenta, han producido una revolución en la clasificación de los vertebrados, ya que los "reptiles", en sentido amplio, incluyen a las aves y no incluyen a los "reptiles" que condujeron a los mamíferos (sinápsidos), que se encontrarían en la intersección "A".

En este libro hemos ordenado a las aves dentro de su propia clase, y las hemos extraído del supergrupo reptiles para hacerle más fácil al lector identificar cada grupo.

VERTEBRADOS
(Vertebrata)

En este libro se muestra una pequeña proporción de todos los vertebrados del planeta, agrupados por órdenes; entendemos como vertebrados a los animales con espina dorsal o columna vertebral, compuesta de vértebras. Incluye casi 62.000 especies actuales y muchos fósiles (en este libro solo hemos representado a los dinosaurios).

Los vertebrados han logrado adaptarse a diferentes ambientes, incluidos los más difíciles e inhóspitos. Aunque proceden inicialmente del medio acuático, consiguieron, hace 360 millones de años, pasar al medio terrestre.

El término Vertebrata es usado en sentido amplio, ya que incluye los mixinos, que no poseen auténticas vértebras; sin embargo, hay nuevas evidencias que postulan que los mixinos sí deberían ser incluidos. Los vertebrados se originaron durante la explosión cámbrica, a principios del paleozoico, junto con otros muchos grupos de animales. El vertebrado más antiguo que se conoce es Haikouichthys, con una antigüedad de 525 millones de años. Se asemejaban a los mixinos actuales.

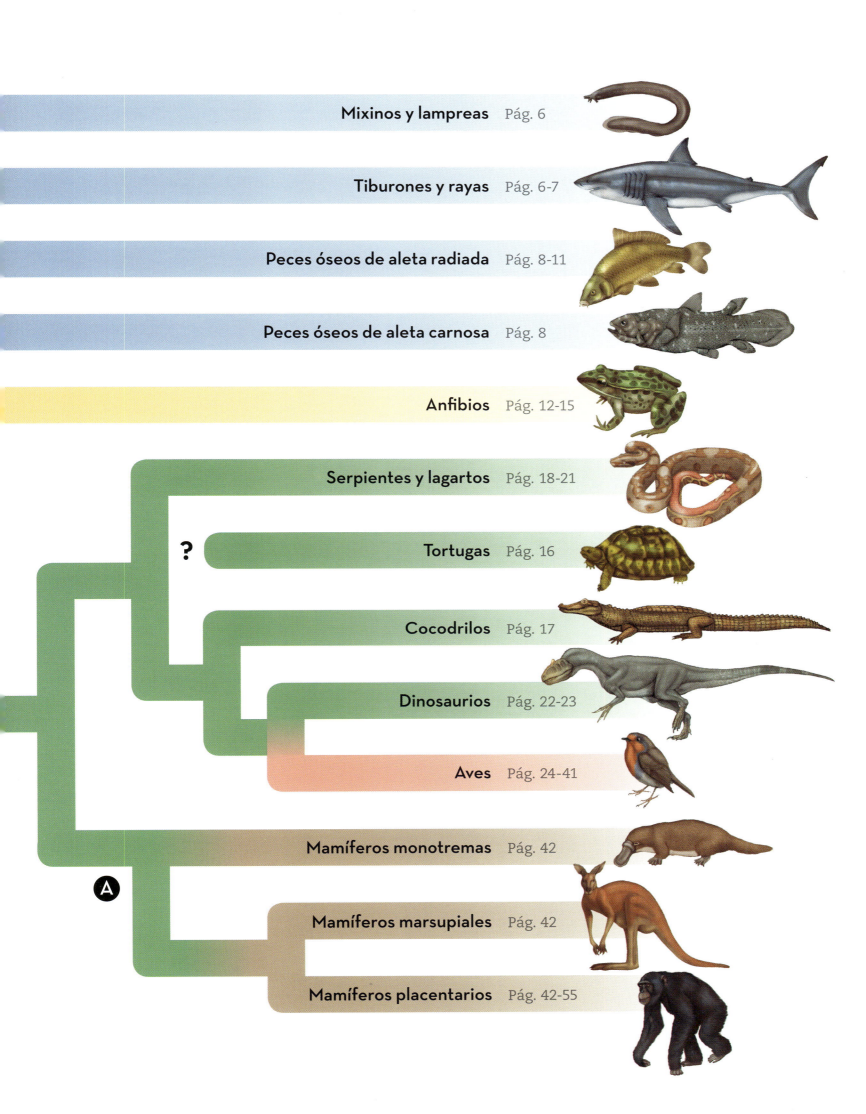

Mixinos y lampreas   Pág. 6

Tiburones y rayas   Pág. 6-7

Peces óseos de aleta radiada   Pág. 8-11

Peces óseos de aleta carnosa   Pág. 8

Anfibios   Pág. 12-15

Serpientes y lagartos   Pág. 18-21

?

Tortugas   Pág. 16

Cocodrilos   Pág. 17

Dinosaurios   Pág. 22-23

Aves   Pág. 24-41

Mamíferos monotremas   Pág. 42

A

Mamíferos marsupiales   Pág. 42

Mamíferos placentarios   Pág. 42-55

PECES

⬇ PECES SIN MANDÍBULAS (Cyclostomata)

Se dividen en dos clases: las lampreas y los mixinos. Ambos carecen de mandíbulas. Aparecieron hace más de 500 millones de años, antes que cualquier grupo de peces actuales. Existen unas 90 especies.

LAMPREA DE MAR
Petromyzon marinus

LONGITUD: 120 cm.
DISTRIBUCIÓN: Atlántico norte y Mediterráneo.
HÁBITAT: Mares y lagos.
OBSERVACIONES: Migra del mar a las aguas dulces para reproducirse.

ANGUILA BABOSA O MIXINO
Myxine glutinosa

LONGITUD: 40 cm.
DISTRIBUCIÓN: Atlántico norte y Mediterráneo.
HÁBITAT: Mar.
OBSERVACIONES: Vive en las profundidades y se alimenta de carroña.

LAMPREA DE RÍO
Lampetra fluvialis

LONGITUD: 40 cm.
DISTRIBUCIÓN: Atlántico norte y Mediterráneo norte y Europa.
HÁBITAT: Mares, lagos y ríos.
OBSERVACIONES: A diferencia de otras lampreas, que son parásitos y chupan sangre, las de río muerden a sus presas.

⬇ PECES CARTILAGINOSOS (Chondrichthyes)

Engloba a las manta rayas, los tiburones y las quimeras. Hay más de 780 especies. Su esqueleto está compuesto únicamente de cartílago.

TIBURÓN BALLENA
Rhincodon typus

LONGITUD: 15 m.
DISTRIBUCIÓN: Aguas tropicales y subtropicales.
HÁBITAT: Mar abierto.
OBSERVACIONES: Es una de las tres especies de tiburones que se alimentan de fitoplancton mediante un mecanismo de filtración del agua.

PEZ GUITARRA
Rhinobatos productus

LONGITUD: 1,5 m.
DISTRIBUCIÓN: Pacífico oeste.
HÁBITAT: Mares costeros.
OBSERVACIONES: Permanece la mayor parte del tiempo oculto debajo la arena alimentándose de peces, lombrices marinas y crustáceos.

QUIMERA COMÚN
Chimaera monstrosa

LONGITUD: 1,5 m.
DISTRIBUCIÓN: noreste de océano Atlántico y mar Mediterráneo.
HÁBITAT: Zonas profundas.
OBSERVACIONES: Tiene un ciclo de vida muy lento, llegando a la madurez sexual entre los 11,2 y los 13,4 años, con una longevidad entre 26 y 30 años.

TIBURÓN ELEFANTE
Callorhinchus callorhynchus

LONGITUD: 1 m.
DISTRIBUCIÓN: Aguas sudamericanas.
HÁBITAT: Mares costeros.
OBSERVACIONES: Se desconoce la función de la pequeña trompa que presenta.

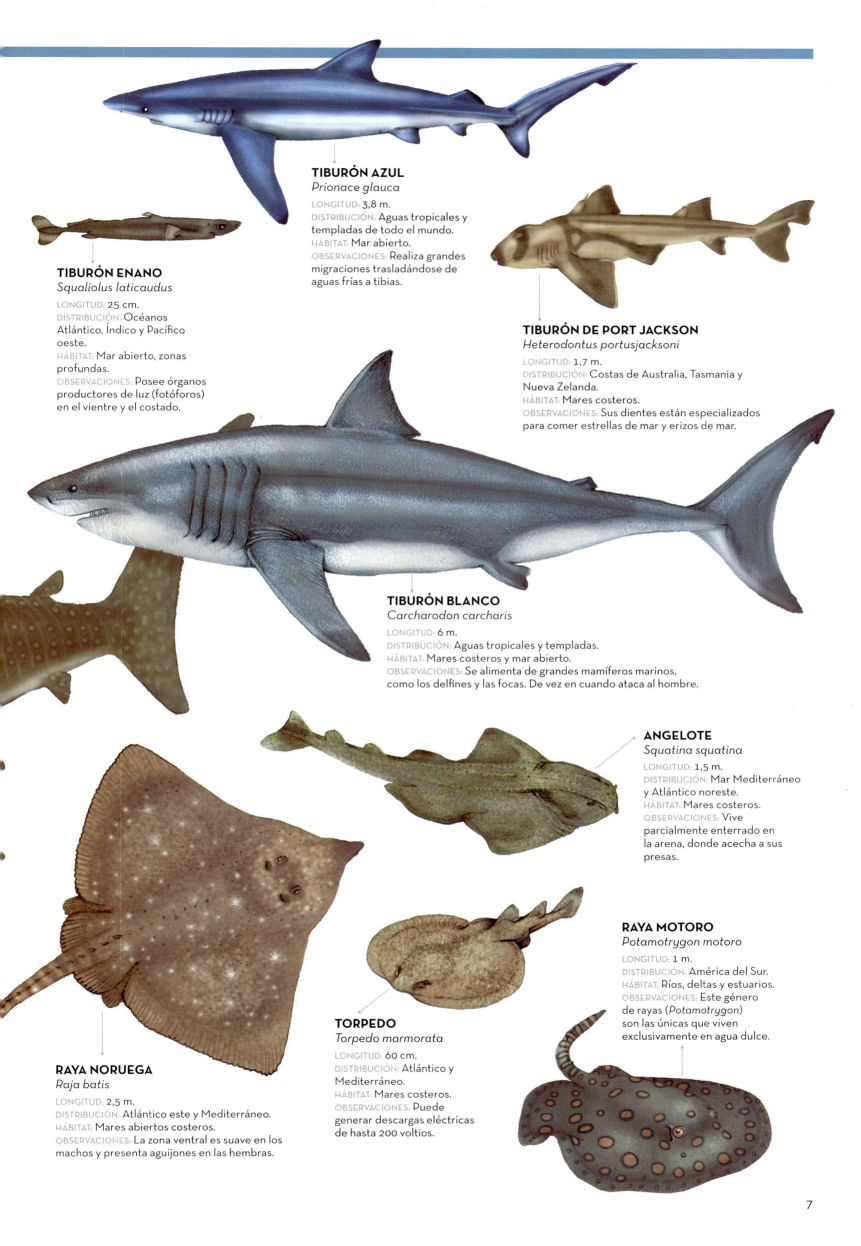

TIBURÓN AZUL
Prionace glauca
LONGITUD: 3,8 m.
DISTRIBUCIÓN: Aguas tropicales y templadas de todo el mundo.
HÁBITAT: Mar abierto.
OBSERVACIONES: Realiza grandes migraciones trasladándose de aguas frías a tibias.

TIBURÓN ENANO
Squaliolus laticaudus
LONGITUD: 25 cm.
DISTRIBUCIÓN: Océanos Atlántico, Índico y Pacífico oeste.
HÁBITAT: Mar abierto, zonas profundas.
OBSERVACIONES: Posee órganos productores de luz (fotóforos) en el vientre y el costado.

TIBURÓN DE PORT JACKSON
Heterodontus portusjacksoni
LONGITUD: 1,7 m.
DISTRIBUCIÓN: Costas de Australia, Tasmania y Nueva Zelanda.
HÁBITAT: Mares costeros.
OBSERVACIONES: Sus dientes están especializados para comer estrellas de mar y erizos de mar.

TIBURÓN BLANCO
Carcharodon carcharis
LONGITUD: 6 m.
DISTRIBUCIÓN: Aguas tropicales y templadas.
HÁBITAT: Mares costeros y mar abierto.
OBSERVACIONES: Se alimenta de grandes mamíferos marinos, como los delfines y las focas. De vez en cuando ataca al hombre.

ANGELOTE
Squatina squatina
LONGITUD: 1,5 m.
DISTRIBUCIÓN: Mar Mediterráneo y Atlántico noreste.
HÁBITAT: Mares costeros.
OBSERVACIONES: Vive parcialmente enterrado en la arena, donde acecha a sus presas.

RAYA MOTORO
Potamotrygon motoro
LONGITUD: 1 m.
DISTRIBUCIÓN: América del Sur.
HÁBITAT: Ríos, deltas y estuarios.
OBSERVACIONES: Este género de rayas (*Potamotrygon*) son las únicas que viven exclusivamente en agua dulce.

TORPEDO
Torpedo marmorata
LONGITUD: 60 cm.
DISTRIBUCIÓN: Atlántico y Mediterráneo.
HÁBITAT: Mares costeros.
OBSERVACIONES: Puede generar descargas eléctricas de hasta 200 voltios.

RAYA NORUEGA
Raja batis
LONGITUD: 2,5 m.
DISTRIBUCIÓN: Atlántico este y Mediterráneo.
HÁBITAT: Mares abiertos costeros.
OBSERVACIONES: La zona ventral es suave en los machos y presenta aguijones en las hembras.

PECES

PECES ÓSEOS DE ALETA CARNOSA

(Sarcopterygii)

La similitud de las aletas de estos peces con las extremidades de los primeros anfibios, entre otros muchos caracteres, prueba que los vertebrados terrestres descendemos de antiguos peces *Sarcopterygii*. Hay 43 especies.

PEZ PULMONADO AFRICANO
Protopterus annectens

LONGITUD: 1,8 m.
DISTRIBUCIÓN: África central.
HÁBITAT: Ríos, charcas y humedales.
OBSERVACIONES: Al llegar la estación seca, se entierra en el lodo formando un capullo de mucosidad.

CELACANTO
Latimeria chalumnae

LONGITUD: 1,6 m.
DISTRIBUCIÓN: Océano Índico.
HÁBITAT: Aguas profundas.
OBSERVACIONES: Fue descubierto en 1938 y representa un clásico ejemplo de "fósil viviente" ya que pertenece a un grupo que se creía desaparecido hace 65 millones de años.

PEZ PULMONADO AUSTRALIANO
Neoceratodus forsteri

LONGITUD: 1,6 m.
DISTRIBUCIÓN: Este de Australia.
HÁBITAT: Ríos, charcas y humedales.
OBSERVACIONES: Su vejiga natatoria funciona como un pulmón por lo que puede respirar fuera del agua.

PECES ÓSEOS DE ALETA RADIADA

(Actinopterygii)

La característica principal de los *Actinopterygii* es la posesión de un esqueleto de espinas óseas en sus aletas. Son el grupo dominante de los vertebrados, con más de 27.000 especies actuales, y han colonizado toda clase de ambientes acuáticos.

ESTURIÓN COMÚN
Acipenser sturio

LONGITUD: 3 m.
DISTRIBUCIÓN: Atlántico norte, Mediterráneo y Europa.
HÁBITAT: Mares, ríos, deltas y lagos.
OBSERVACIONES: Vive mayoritariamente en el mar, pero nada río arriba para desovar.

ARAPAIMA
Arapaima gigas

LONGITUD: 2,6 m.
DISTRIBUCIÓN: Norte de Sudamérica.
HÁBITAT: Ríos.
OBSERVACIONES: A pesar de su gran cuerpo, es un cazador muy rápido.

TARPÓN
Megalops atlanticus

LONGITUD: 2,5 m.
DISTRIBUCIÓN: Atlántico occidental y oriental.
HÁBITAT: Mares costeros, estuarios y ríos.
OBSERVACIONES: Es un pez popular para la pesca deportiva.

TRAGÓN
Saccopharynx ampullaceus

LONGITUD: 1,6 m.
DISTRIBUCIÓN: Atlántico norte.
HÁBITAT: Zonas abisales.
OBSERVACIONES: La enorme boca y su estómago dilatable le permiten tragar peces tan grandes como él.

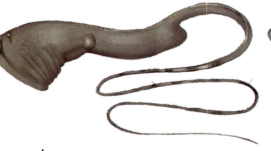

MORENA COMÚN *Muraena helena*

LONGITUD: 1,6 m.
DISTRIBUCIÓN: Mediterráneo.
HÁBITAT: Zonas costeras rocosas.
OBSERVACIONES: Su mordedura es venenosa debido a una secreción de su mucosa bucal.

ARENQUE DEL ATLÁNTICO
Clupea harengus

LONGITUD: 40 cm.
DISTRIBUCIÓN: Atlántico norte, mar del Norte, mar Báltico.
HÁBITAT: Mar abierto.
OBSERVACIONES: Vive en grandes bancos y es de las especies de peces más pescado con fines comerciales.

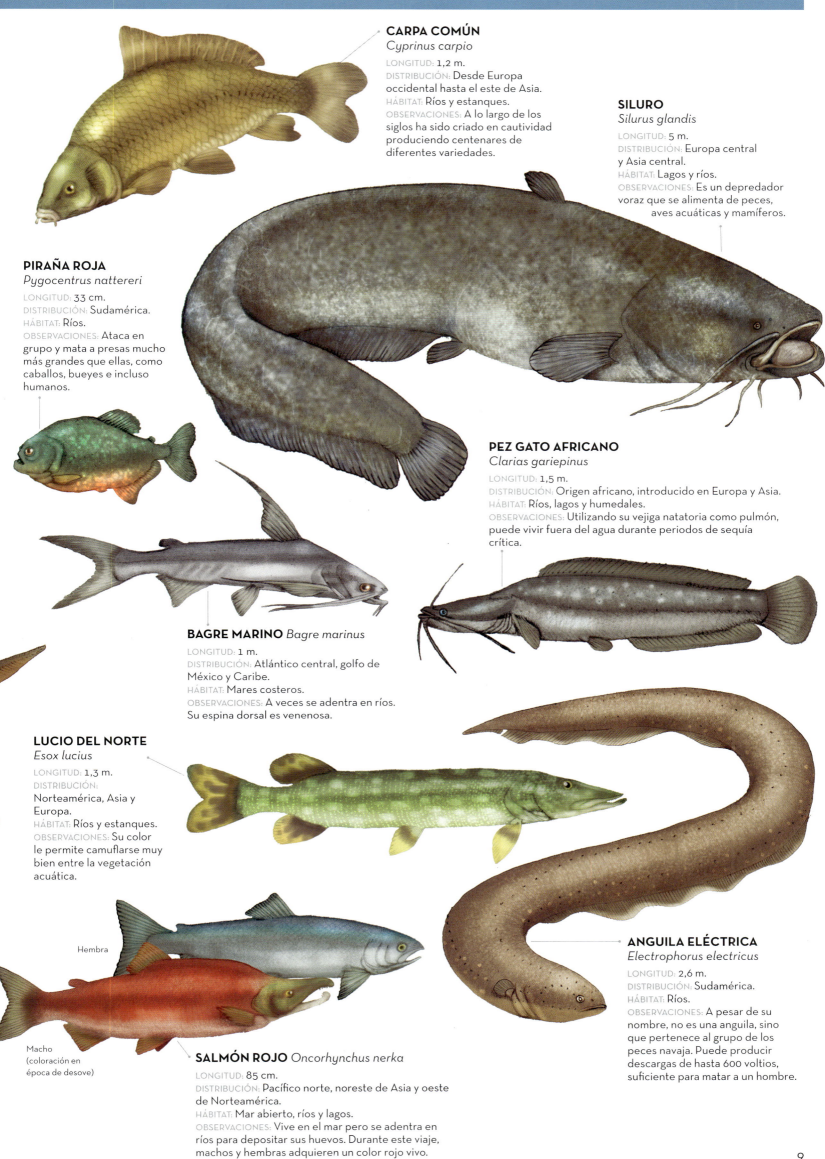

CARPA COMÚN
Cyprinus carpio
LONGITUD: 1,2 m.
DISTRIBUCIÓN: Desde Europa occidental hasta el este de Asia.
HÁBITAT: Ríos y estanques.
OBSERVACIONES: A lo largo de los siglos ha sido criado en cautividad produciendo centenares de diferentes variedades.

SILURO
Silurus glandis
LONGITUD: 5 m.
DISTRIBUCIÓN: Europa central y Asia central.
HÁBITAT: Lagos y ríos.
OBSERVACIONES: Es un depredador voraz que se alimenta de peces, aves acuáticas y mamíferos.

PIRAÑA ROJA
Pygocentrus nattereri
LONGITUD: 33 cm.
DISTRIBUCIÓN: Sudamérica.
HÁBITAT: Ríos.
OBSERVACIONES: Ataca en grupo y mata a presas mucho más grandes que ellas, como caballos, bueyes e incluso humanos.

PEZ GATO AFRICANO
Clarias gariepinus
LONGITUD: 1,5 m.
DISTRIBUCIÓN: Origen africano, introducido en Europa y Asia.
HÁBITAT: Ríos, lagos y humedales.
OBSERVACIONES: Utilizando su vejiga natatoria como pulmón, puede vivir fuera del agua durante periodos de sequía crítica.

BAGRE MARINO *Bagre marinus*
LONGITUD: 1 m.
DISTRIBUCIÓN: Atlántico central, golfo de México y Caribe.
HÁBITAT: Mares costeros.
OBSERVACIONES: A veces se adentra en ríos. Su espina dorsal es venenosa.

LUCIO DEL NORTE
Esox lucius
LONGITUD: 1,3 m.
DISTRIBUCIÓN: Norteamérica, Asia y Europa.
HÁBITAT: Ríos y estanques.
OBSERVACIONES: Su color le permite camuflarse muy bien entre la vegetación acuática.

ANGUILA ELÉCTRICA
Electrophorus electricus
LONGITUD: 2,6 m.
DISTRIBUCIÓN: Sudamérica.
HÁBITAT: Ríos.
OBSERVACIONES: A pesar de su nombre, no es una anguila, sino que pertenece al grupo de los peces navaja. Puede producir descargas de hasta 600 voltios, suficiente para matar a un hombre.

Hembra

Macho
(coloración en época de desove)

SALMÓN ROJO *Oncorhynchus nerka*
LONGITUD: 85 cm.
DISTRIBUCIÓN: Pacífico norte, noreste de Asia y oeste de Norteamérica.
HÁBITAT: Mar abierto, ríos y lagos.
OBSERVACIONES: Vive en el mar pero se adentra en ríos para depositar sus huevos. Durante este viaje, machos y hembras adquieren un color rojo vivo.

PECES

PEZ VÍBORA
Chauliodus sloani

LONGITUD: 35 cm.
DISTRIBUCIÓN: Aguas tropicales, subtropicales y templadas.
HÁBITAT: Zonas abisales.
OBSERVACIONES: La larga espina dorsal actúa como señuelo, para atraer a otros peces hacia sus fauces.

PEZ LINTERNA
Myctophum asperum

LONGITUD: 8,5 cm.
DISTRIBUCIÓN: Océanos Atlántico, Pacífico e índico. Zonas subtropicales.
HÁBITAT: Zonas abisales.
OBSERVACIONES: Vive a más de 700 metros de profundidad, aunque por la noche asciende a la superficie para alimentarse de plancton.

RAPE
Lophius piscatorius

LONGITUD: 1,8 m.
DISTRIBUCIÓN: Atlántico noreste y Mediterráneo.
HÁBITAT: Aguas costeras.
OBSERVACIONES: Se camufla en el fondo arenoso y utiliza un señuelo carnoso para atraer a las presas hacia su enorme boca.

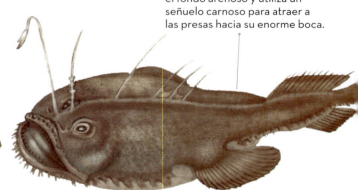

BACALAO
Gadus morhua

LONGITUD: 1,4 m.
DISTRIBUCIÓN: Atlántico norte y océano Ártico.
HÁBITAT: Mar abierto y aguas costeras.
OBSERVACIONES: Muy apreciado por su carne, ha sido intensamente capturado durante siglos.

DIABLO NEGRO
Melanocetus johnsoni

LONGITUD: 18 cm.
DISTRIBUCIÓN: Océano Pacífico, Atlántico e Índico.
HÁBITAT: Profundidades abisales.
OBSERVACIONES: Las hembras (ilustración) tienen un señuelo entre los ojos; los machos no, estos no llegan medir más de 3 cm.

MERO GIGANTE
Epinephelus lanceolatus

LONGITUD: 2,5 m.
DISTRIBUCIÓN: Zonas tropicales de los océanos Pacífico e Índico.
HÁBITAT: Mares costeros y arrecifes coralinos.
OBSERVACIONES: Es un pez pacífico, por lo general poco agresivo, aunque alguna vez ha atacado y dado muerte a seres humanos.

CABALLITO DE MAR
Hippocampus kuda

LONGITUD: 30 cm.
DISTRIBUCIÓN: Zonas tropicales del océano Pacífico y del Índico.
HÁBITAT: Mares costeros y arrecifes coralinos.
OBSERVACIONES: La hembra pone sus huevos en una bolsa que tiene el macho y este los transporta hasta que los huevos eclosionan.

ATÚN AZUL
Thunnus thynnus

LONGITUD: 3 m.
DISTRIBUCIÓN: Atlántico y mar Mediterráneo.
HÁBITAT: Mar abierto.
OBSERVACIONES: El atún azul es la base de una de las pesquerías más lucrativas del mundo.

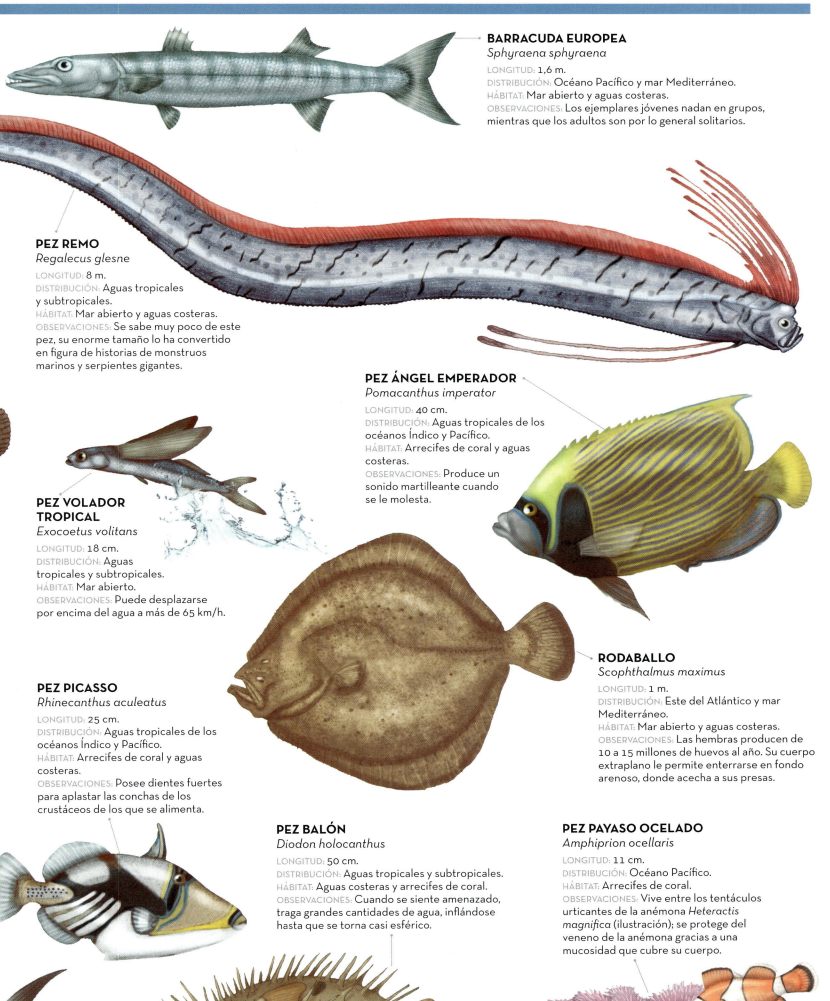

BARRACUDA EUROPEA
Sphyraena sphyraena

LONGITUD: 1,6 m.
DISTRIBUCIÓN: Océano Pacífico y mar Mediterráneo.
HÁBITAT: Mar abierto y aguas costeras.
OBSERVACIONES: Los ejemplares jóvenes nadan en grupos, mientras que los adultos son por lo general solitarios.

PEZ REMO
Regalecus glesne

LONGITUD: 8 m.
DISTRIBUCIÓN: Aguas tropicales y subtropicales.
HÁBITAT: Mar abierto y aguas costeras.
OBSERVACIONES: Se sabe muy poco de este pez, su enorme tamaño lo ha convertido en figura de historias de monstruos marinos y serpientes gigantes.

PEZ ÁNGEL EMPERADOR
Pomacanthus imperator

LONGITUD: 40 cm.
DISTRIBUCIÓN: Aguas tropicales de los océanos Índico y Pacífico.
HÁBITAT: Arrecifes de coral y aguas costeras.
OBSERVACIONES: Produce un sonido martilleante cuando se le molesta.

PEZ VOLADOR TROPICAL
Exocoetus volitans

LONGITUD: 18 cm.
DISTRIBUCIÓN: Aguas tropicales y subtropicales.
HÁBITAT: Mar abierto.
OBSERVACIONES: Puede desplazarse por encima del agua a más de 65 km/h.

PEZ PICASSO
Rhinecanthus aculeatus

LONGITUD: 25 cm.
DISTRIBUCIÓN: Aguas tropicales de los océanos Índico y Pacífico.
HÁBITAT: Arrecifes de coral y aguas costeras.
OBSERVACIONES: Posee dientes fuertes para aplastar las conchas de los crustáceos de los que se alimenta.

RODABALLO
Scophthalmus maximus

LONGITUD: 1 m.
DISTRIBUCIÓN: Este del Atlántico y mar Mediterráneo.
HÁBITAT: Mar abierto y aguas costeras.
OBSERVACIONES: Las hembras producen de 10 a 15 millones de huevos al año. Su cuerpo extraplano le permite enterrarse en fondo arenoso, donde acecha a sus presas.

PEZ BALÓN
Diodon holocanthus

LONGITUD: 50 cm.
DISTRIBUCIÓN: Aguas tropicales y subtropicales.
HÁBITAT: Aguas costeras y arrecifes de coral.
OBSERVACIONES: Cuando se siente amenazado, traga grandes cantidades de agua, inflándose hasta que se torna casi esférico.

PEZ PAYASO OCELADO
Amphiprion ocellaris

LONGITUD: 11 cm.
DISTRIBUCIÓN: Océano Pacífico.
HÁBITAT: Arrecifes de coral.
OBSERVACIONES: Vive entre los tentáculos urticantes de la anémona *Heteractis magnifica* (ilustración); se protege del veneno de la anémona gracias a una mucosidad que cubre su cuerpo.

ANFIBIOS

→ ## CECÍLIDOS
(*Gymnophiona*)

No poseen extremidades, suelen vivir bajo tierra o bajo el agua.

Su distribución se concentra en áreas tropicales. Suelen ser casi ciegos. Hay unas 170 especies.

CECILIA MEXICANA
Dermophis mexicanus

LONGITUD: 60 cm.
DISTRIBUCIÓN: México.
HÁBITAT: Selva.
OBSERVACIONES: Tanto los huevos como las larvas se desarrollan dentro del oviducto de la madre; en el momento de nacer, la cría está completamente desarrollada con todos los rasgos de un adulto.

CECILIA ANILLADA
Siphonops annulatus

LONGITUD: 40 cm.
DISTRIBUCIÓN: Norte de Sudamérica.
HÁBITAT: Selva.
OBSERVACIONES: Cuando es atacado, segrega una sustancia maloliente. Pone los huevos en tierra firme; a diferencia de la mayoría de anfibios, las crías no sufren ninguna metamorfosis.

CECILIA DE CEILÁN *Ichthyophis glutinosus*

LONGITUD: 45 cm.
DISTRIBUCIÓN: Sri Lanka.
HÁBITAT: Ríos y humedales.
OBSERVACIONES: Tiene un par de tentáculos retráctiles entre las fosas nasales y los ojos, que le permiten captar olores.

SALAMANDRAS Y TRITONES (*Caudata*)

Tienen hábitos muy variados, algunos son completamente acuáticos y casi han perdido sus extremidades, mientras que otros son completamente terrestres y solo vuelven al agua para reproducirse. No existe diferencia científica entre salamandras y tritones. En total hay unas 470 especies.

NECTURO
Necturus maculosus

LONGITUD: 50 cm.
DISTRIBUCIÓN: Sur de Canadá.
HÁBITAT: Ríos y zonas pantanosas.
OBSERVACIONES: Sus branquias se adaptan al contenido de oxígeno del hábitat; cuanto más pobres en oxígeno son las aguas donde habita, más grandes son sus branquias.

PROTEO
Proteus anguinus

LONGITUD: 30 cm.
DISTRIBUCIÓN: Sudeste de Europa.
HÁBITAT: Cuevas.
OBSERVACIONES: Habita en cavernas en total oscuridad, por lo que es totalmente ciego y sus ojos apenas son visibles.

TRITÓN PUNTEADO O COMÚN
Lisontriton vulgaris

LONGITUD: 10 cm.
DISTRIBUCIÓN: Europa, exceptuando sur de Francia y península Ibérica.
HÁBITAT: Bosques húmedos y prados.
OBSERVACIONES: Hasta el año 2000 el nombre de este genero era *Triturus vulgaris*, por lo que en muchos libros aún se conoce con este nombre científico.

SALAMANDRA COMÚN
Salamandra salamandra

LONGITUD: 23 cm.
DISTRIBUCIÓN: Europa, norte de África y Asia occidental.
HÁBITAT: Bosques húmedos y prados.
OBSERVACIONES: Posee una coloración muy llamativa que según su ubicación geográfica varía del amarillo al rojo o naranja; dicha coloración advierte a sus depredadores de su toxicidad.

TRITÓN ALPINO
Ichthyosaura alpestris

LONGITUD: 12 cm.
DISTRIBUCIÓN: Europa.
HÁBITAT: Ríos y lagos de alta montaña.
OBSERVACIONES: Durante la época de reproducción, al macho le aparece una cresta baja, blanca y negra a lo largo del lomo (ilustración).

SALAMANDRA LENGUA DE HONGO
Bolitoglossa mexicana

LONGITUD: 15 cm.
DISTRIBUCIÓN: México, Centroamérica.
HÁBITAT: Selva.
OBSERVACIONES: Se mueve entre las ramas de los árboles gracias a su cola prensil y a sus dedos adhesivos. Utiliza su lengua en forma de seta para cazar insectos.

SALAMANDRA ROJA
Pseudotriton ruber

LONGITUD: 18 cm.
DISTRIBUCIÓN: Sudeste de EE. UU.
HÁBITAT: Bosques húmedos, prados y ríos.
OBSERVACIONES: El color rojo de su cuerpo es más brillante en los ejemplares jóvenes que en los adultos. Pasa los fríos inviernos bajo tierra.

TRITÓN VERRUGOSO
Tylototriton verrucosus

LONGITUD: 18 cm.
DISTRIBUCIÓN: Sur de China.
HÁBITAT: Bosques húmedos, selvas y ríos de montaña.
OBSERVACIONES: Sus glándulas de un vivo color naranja exudan secreciones desagradables cuando es atacado.

GALLIPATO
Pleurodeles waltl

LONGITUD: 30 cm.
DISTRIBUCIÓN: Sur de la península Ibérica.
HÁBITAT: Pantanos, ríos y arroyos.
OBSERVACIONES: Posee costillas puntiagudas que proyecta a través de la piel cuando lo sujetan.

SALAMANDRA GIGANTE DEL JAPÓN
Andrias japonicus

LONGITUD: 1,5 m.
DISTRIBUCIÓN: Japón.
HÁBITAT: Lagos y ríos de alta montaña.
OBSERVACIONES: Los gruesos pliegues de piel que tiene a ambos costados del cuerpo le sirven para absorber oxígeno del agua donde habita. Puede vivir más de 50 años.

Ejemplar típico

Ejemplar albino

AJOLOTE
Ambystoma mexicanum

LONGITUD: 20 cm.
DISTRIBUCIÓN: México, lago Xochimilco.
HÁBITAT: Lagos.
OBSERVACIONES: Es un ejemplo claro de neotenia, que es la capacidad que tienen algunos anfibios de llegar a la madurez sexual conservando las características físicas de las crías, como son las branquias y la aleta caudal.

SALAMANDRA DE LOMO ROJO
Plethodon cinereus

LONGITUD: 11 cm.
DISTRIBUCIÓN: Este de EE. UU. y Canadá.
HÁBITAT: Bosques húmedos.
OBSERVACIONES: El macho utiliza sus heces para atraer a las hembras, estas inspeccionan los excrementos y prefieren al macho que haya comido más termitas.

ANFIBIOS

→ RANAS Y SAPOS
(Anura)

Con más de 4.300 especies, las ranas y los sapos representan la mayor parte de los anfibios actuales. No existe una distinción clara entre ranas y sapos, aunque normalmente se asigna el término *sapo* a los anuros principalmente terrestres y de piel rugosa.

SAPO VIENTRE DE FUEGO
Bombina orientalis

LONGITUD: 5 cm.
DISTRIBUCIÓN: Este y sureste de Asia.
HÁBITAT: Ríos y lagos de alta montaña.
OBSERVACIONES: Cuando se siente amenazado, muestra su vientre rojo como señal de advertencia.

SAPO PARTERO
Alytes obstetricans

LONGITUD: 5 cm.
DISTRIBUCIÓN: Europa occidental y central.
HÁBITAT: Bosques y zonas urbanas.
OBSERVACIONES: Las hembras depositan los huevos en el dorso de los machos, y estos los transportan hasta que nacen los renacuajos.

RANA CORNUDA
Ceratophrys cornuta

LONGITUD: 20 cm.
DISTRIBUCIÓN: Norte de Sudamérica.
HÁBITAT: Bosques.
OBSERVACIONES: Tiene una fuerte mandíbula, es una rana voraz que ataca a invertebrados, peces, pequeños roedores, ranas, reptiles e incluso pájaros.

SAPO DEL SURINAM
Pipa pipa

LONGITUD: 20 cm.
DISTRIBUCIÓN: Norte de Sudamérica.
HÁBITAT: Ríos y zonas pantanosas.
OBSERVACIONES: Las hembras absorben los huevos fertilizados a través de la piel de la espalda, donde se desarrollan en cápsulas y emergen las crías totalmente formadas.

RANA PELUDA
Trichobatrachus robustus

LONGITUD: 10 cm.
DISTRIBUCIÓN: África central.
HÁBITAT: Selva.
OBSERVACIONES: Los machos en periodo de apareamiento desarrollan unos filamentos de piel, parecidos a pelos, que usan para complementar su aporte de oxígeno.

SAPO COMÚN
Bufo bufo

LONGITUD: 20 cm.
DISTRIBUCIÓN: Europa, Asia central y África noroccidental.
HÁBITAT: Bosques, prados y zonas urbanas.
OBSERVACIONES: Tiene una gran glándula detrás de los ojos que exuda una secreción repugnante para advertir a sus depredadores.

RANA DORADA
Atelopus zeteki

LONGITUD: 6 cm.
DISTRIBUCIÓN: Panamá.
HÁBITAT: Selva y zonas montañosas.
OBSERVACIONES: Está en serio peligro de extinción. Su vivo color indica a los depredadores que es sumamente tóxica.

RANA DE DARWIN *Rhinoderma darwinii*

LONGITUD: 3 cm.
DISTRIBUCIÓN: Sur de Sudamérica.
HÁBITAT: Bosques.
OBSERVACIONES: El macho incuba los huevos en el saco vocal durante 3 semanas, las crías permanecen dentro de la boca del padre hasta que están totalmente formadas.

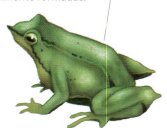

RANA GOLIATH
Conraua goliath

LONGITUD: 40 cm.
DISTRIBUCIÓN: Camerún y Guinea Ecuatorial.
HÁBITAT: Selva.
OBSERVACIONES: Pasa la mayor parte del tiempo en el agua. Los machos no cantan para atraer a las hembras. Sus hábitos reproductivos son desconocidos.

RANA DE OJOS ROJOS
Agalychnis callidryas
LONGITUD: 7 cm.
DISTRIBUCIÓN: Centroamérica.
HÁBITAT: Selvas.
OBSERVACIONES: Tiene unas almohadillas adherentes en sus dedos para trepar a gran altura.

RANITA DE SAN ANTONIO
Hyla arborea
LONGITUD: 5 cm.
DISTRIBUCIÓN: Europa y Asia occidental.
HÁBITAT: Bosques, lagos y humedales.
OBSERVACIONES: Es una ranita arborícola muy común; algunos ejemplares pueden ser amarillos, marrones, incluso azules.

RANA VERDE
Rana ridibunda
LONGITUD: 15 cm.
DISTRIBUCIÓN: Europa central y Suroeste de Asia.
HÁBITAT: Lagos y humedales.
OBSERVACIONES: Muy típica en Europa, muy parecida a *Rana esculenta* y *Rana perezi*.

RANA LEOPARDO
Rana pipiens
LONGITUD: 10 cm.
DISTRIBUCIÓN: Sur de Canadá, norte de EE. UU.
HÁBITAT: Prados y humedales.
OBSERVACIONES: Es muy común, se reproduce entre los meses de marzo y mayo según si vive en zonas más septentrionales o no.

RANA PUNTA DE FLECHA
Género *Dendrobates*
LONGITUD: 2-5 cm.
DISTRIBUCIÓN: Centroamérica.
HÁBITAT: Selva.
OBSERVACIONES: Sus vivos colores advierten a los depredadores que todas estas ranas son muy tóxicas, incluso mortales.

Dendrobates auratus

Dendrobates leucomelas

Dendrobates tinctorius

Dendrobates truncatus

Dendrobates pumillo

RANA DE LLUVIA BUSHVELD
Breviceps adspersus
LONGITUD: 6 cm.
DISTRIBUCIÓN: Sudeste de África.
HÁBITAT: Bosques y prados.
OBSERVACIONES: Vive principalmente debajo de tierra y solo emerge después de la estación de lluvias para aparearse.

RANA VOLADORA DEL RÍO ABAH
Rhacophorus nigropalmatus
LONGITUD: 10 cm.
DISTRIBUCIÓN: Sudeste de Asia.
HÁBITAT: Selva.
OBSERVACIONES: Hay más de 50 especies de ranas voladoras que utilizan sus membranas interdigitales para planear de rama en rama. Las hembras construyen un nido de espuma entre el follaje donde depositan más de 800 huevos.

MANTELLA DORADA
Mantella aurantiaca
LONGITUD: 3 cm.
DISTRIBUCIÓN: Madagascar.
HÁBITAT: Selva.
OBSERVACIONES: Su vivo color advierte a los depredadores que es muy tóxica.

RANA *PAEDOPHRYNE*
Paedophryne amauensis
LONGITUD: 7,7 mm.
DISTRIBUCIÓN: Nueva Guinea.
HÁBITAT: Selva.
OBSERVACIONES: El vertebrado más pequeño del mundo, fue descubierta en 2009 y descrita en 2012; aún no tiene nombre común.

REPTILES

↓ TORTUGAS (Chelonia)

Son el orden de reptiles vivos más antiguos, aparecieron hace más de 200 millones de años. Su principal característica es el duro caparazón que encierra sus partes blandas. Las tortugas pueden vivir tanto en hábitats de agua dulce como salada o en tierra firme. Existen 294 especies.

TORTUGA MEDITERRÁNEA
Testudo hermanni

LONGITUD: 20 cm.
DISTRIBUCIÓN: Sureste de Europa e islas del Mediterráneo.
HÁBITAT: Prados.
OBSERVACIONES: Pasa inactiva los meses más calurosos del verano y los más fríos del invierno.

TORTUGA BLANDA
Pelodiscus sinensis

LONGITUD: 30 cm.
DISTRIBUCIÓN: Este de Asia.
HÁBITAT: Ríos y humedales.
OBSERVACIONES: Vive la mayor parte del tiempo en el agua; no puede esconder la cabeza dentro del caparazón, ya que este es muy plano.

TORTUGA DE PATAS ROJAS
Geochelone carbonaria

LONGITUD: 46 cm.
DISTRIBUCIÓN: Norte y centro de Sudamérica.
HÁBITAT: Selva.
OBSERVACIONES: Los machos se diferencian de las hembras por presentar un estrechamiento en la zona central de la concha.

TORTUGA DE LAS GRIETAS
Malacochersus tornieri

LONGITUD: 16 cm.
DISTRIBUCIÓN: Este de África.
HÁBITAT: Desierto y sabana.
OBSERVACIONES: Tiene un caparazón extremadamente plano y flexible que le permite esconderse entre las rocas.

TORTUGA CAIMÁN *Macroclemys temminckii*

LONGITUD: 80 cm.
DISTRIBUCIÓN: Sureste de EE. UU.
HÁBITAT: Ríos y humedales.
OBSERVACIONES: Tiene un pequeño apéndice rosa, semejante a un gusano, dentro de la boca, que utiliza como señuelo para atraer a peces y anfibios.

TORTUGA DE LAS GALÁPAGOS
Chelonoidis nigra

LONGITUD: 1,2 m.
DISTRIBUCIÓN: Islas Galápagos.
HÁBITAT: Bosque y sabana.
OBSERVACIONES: Puede llegar a vivir más de 150 años. Su largo cuello le permite llegar a las hojas altas de los arbustos.

TORTUGA VERDE
Chelonia mydas

LONGITUD: 1,2 m.
DISTRIBUCIÓN: Todos los mares exceptuando aguas polares.
HÁBITAT: Mar.
OBSERVACIONES: Las hembras ponen los huevos, unos 150, en la arena de la playa donde nacieron, a veces cruzando más de 1.000 km de mar abierto.

TORTUGA *HOMOPUS*
Homopus signatus

LONGITUD: 7 cm.
DISTRIBUCIÓN: Suroeste de África.
HÁBITAT: Desierto y sabana.
OBSERVACIONES: Es la tortuga más pequeña del mundo, los machos son más pequeños que las hembras y apenas miden 5 cm. Vive debajo de las rocas.

COCODRILOS Y CAIMANES
(*Crocodilia*)

Son formidables depredadores semiacuáticos, viven en ambientes fluviales y en algunos casos en el mar. Aparecieron en la Tierra hace 80 millones de años. Hay 23 especies.

CAIMÁN DE ANTEOJOS
Caiman crocodilus

LONGITUD: 2,5 m.
DISTRIBUCIÓN: Centroamérica y norte de Sudamérica.
HÁBITAT: Ríos y humedales.
OBSERVACIONES: Rara vez sale del agua; suele cazar de noche, peces y anfibios.

COCODRILO DEL NILO
Crocodylus niloticus

LONGITUD: 4,5 m.
DISTRIBUCIÓN: África y oeste de Madagascar.
HÁBITAT: Ríos, lagos y humedales.
OBSERVACIONES: Las hembras protegen los huevos durante el periodo de incubación. Cuando las crías nacen, la hembra las coge cuidadosamente con su boca y las lleva al agua.

CAIMÁN AMERICANO
Alligator mississippiensis

LONGITUD: 5 m.
DISTRIBUCIÓN: Sudeste de EE. UU.
HÁBITAT: Ríos, lagos y humedales.
OBSERVACIONES: Cazado de forma masiva, estuvo al borde de la extinción en la década de 1950; actualmente, bajo protección legal, su número ha incrementado radicalmente.

GAVIAL
Gavialis gangeticus

LONGITUD: 7 m.
DISTRIBUCIÓN: Norte de la India.
HÁBITAT: Ríos.
OBSERVACIONES: Los machos presentan una protuberancia al final de su largo y fino hocico. El gavial se alimenta casi exclusivamente de peces.

COCODRILO MARINO
Crocodylus porosus

LONGITUD: 8 m.
DISTRIBUCIÓN: Sudeste de Asia y norte de Australia.
HÁBITAT: Ríos, estuarios y mar.
OBSERVACIONES: Este gigante se alimenta de peces, aves y mamíferos, incluso es responsable de ataques fatales a humanos.

TUÁTARAS (Rhynchocephalia)

Los tuátaras son los únicos representantes de un grupo de reptiles que apareció hace 200 millones de años. A diferencia del resto de reptiles, toleran bien el frío. Hay 2 especies.

TUÁTARA *Sphenodon punctatus*

LONGITUD: 55 cm.
DISTRIBUCIÓN: Nueva Zelanda.
HÁBITAT: Zonas costeras.
OBSERVACIONES: Es muy escaso, solo se le encuentra en algunas islas costeras cerca de Nueva Zelanda. Puede vivir más de 100 años. Existe una segunda especie, el *Sphenodon guentheri*, que vive más al norte.

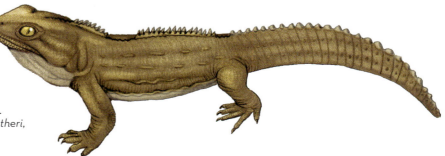

REPTILES

⬇ LAGARTOS (*Lacertilia*)

Son el grupo de reptiles con más éxito, se han adaptado a vivir en todos los hábitats y continentes, exceptuando Antártida. Hay unas 4.500 especies. Se dividen en 4 familias: iguanas, gecos, eslizones y lagartos anguimorfos.

DEMONIO ESPINOSO
Moloch horridus

LONGITUD: 16 cm.
DISTRIBUCIÓN: Centro de Australia.
HÁBITAT: Desierto.
OBSERVACIONES: Se alimenta de hormigas, suele caminar con el cuerpo y la cola en alto para no quemarse con la ardiente arena del desierto.

CAMALEÓN COMÚN
Chamaeleo chamaeleon

LONGITUD: 26 cm.
DISTRIBUCIÓN: Costa mediterránea e islas Canarias.
HÁBITAT: Bosque de matorral.
OBSERVACIONES: Posee una lengua larga, pegajosa y retráctil con la que atrapa a sus presas a distancia.

CAMALEÓN PIGMEO
Brokesia micra

LONGITUD: 3 cm.
DISTRIBUCIÓN: Isla Nosy Hara (Madagascar).
HÁBITAT: Selva.
OBSERVACIONES: Descubierto en 2007. Es actualmente el camaleón más pequeño del mundo.

AGAMA COMÚN
Agama agama

LONGITUD: 40 cm.
DISTRIBUCIÓN: Centro de África.
HÁBITAT: Sabana y zonas urbanas.
OBSERVACIONES: Cuando los machos toman el sol, adquieren un brillante color rojo y azul, y de noche se vuelven pardos; las hembras y los jóvenes no cambian de color.

IGUANA VERDE *Iguana iguana*

LONGITUD: 1,6 m.
DISTRIBUCIÓN: Centroamérica y norte de Sudamérica.
HÁBITAT: Selva.
OBSERVACIONES: Es vegetariana, se alimenta de hojas y frutas. Se defiende de los depredadores azotándolos con su larguísima cola.

GECO COMÚN
Gekko gecko

LONGITUD: 36 cm.
DISTRIBUCIÓN: Sureste de Asia.
HÁBITAT: Selva y zonas urbanas.
OBSERVACIONES: También llamado tokay. Los machos son altamente territoriales, incluso llegan a comerse otros geckos si estos entran en su territorio.

ANOLIS VERDE *Anolis caroliensis*

LONGITUD: 18 cm.
DISTRIBUCIÓN: Sureste de EE. UU.
HÁBITAT: Bosques.
OBSERVACIONES: Los machos utilizan el saco extensible que tienen en la garganta para atraer a las hembras y para ahuyentar a otros machos.

GECO VOLADOR DE KUHL
Ptychozoon kuhli

LONGITUD: 20 cm.
DISTRIBUCIÓN: Sureste de Asia.
HÁBITAT: Selva.
OBSERVACIONES: Planea de rama en rama utilizando sus patas palmeadas y su cola aplanada.

IGUANA MARINA
Amblyrhynchus cristatus

LONGITUD: 1,2 m.
DISTRIBUCIÓN: Islas Galápagos.
HÁBITAT: Costas rocosas.
OBSERVACIONES: Bucea hasta 12 metros de profundidad para alimentarse de algas, su cuerpo esta adaptado para soportar las frías aguas de las islas Galápagos.

SALAMANQUESA COMÚN
Tarentola mauritanica

LONGITUD: 18 cm.
DISTRIBUCIÓN: Costa mediterránea.
HÁBITAT: Zonas urbanas.
OBSERVACIONES: Sus dedos tienen almohadillas adhesivas que le permiten moverse por superficies verticales. Caza de noche, espera en zonas iluminadas y caza a las polillas que son atraídas por la luz.

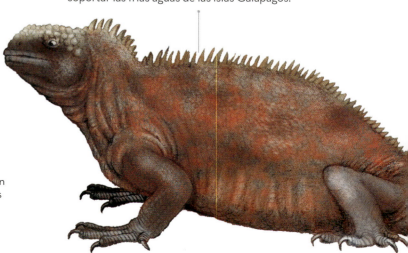

LAGARTO ACORAZADO GIGANTE
Gerrhosaurus major

LONGITUD: 45 cm.
DISTRIBUCIÓN: Centro y este de África.
HÁBITAT: Desierto y sabana.
OBSERVACIONES: Su cuerpo cubierto de placas lo protege de los depredadores.

LAGARTO OCELADO
Lacerta lepida

LONGITUD: 80 cm.
DISTRIBUCIÓN: Sudeste de Europa.
HÁBITAT: Prados de montaña y zonas urbanas.
OBSERVACIONES: Es bastante agresivo, se alimenta de huevos, polluelos, otros lagartos y pequeños mamíferos.

ESLIZÓN DE LENGUA AZUL
Tiliqua scinoides

LONGITUD: 50 cm.
DISTRIBUCIÓN: Sur y este de Australia.
HÁBITAT: Bosques, prados y sabana.
OBSERVACIONES: Cuando de siente amenazado, emite un fuerte siseo y saca su lengua de color azul; con frecuencia, esto es suficiente para ahuyentar a los depredadores.

ESLIZÓN COCODRILO
Tribolonotus gracilis

LONGITUD: 20 cm.
DISTRIBUCIÓN: Nueva Guinea.
HÁBITAT: Selva.
OBSERVACIONES: Sus movimientos son lentos y vive en el suelo de la selva entre la hojarasca; si se siente amenazado, lanza un fuerte chillido.

MONSTRUO DE GILA
Heloderma suspectum

LONGITUD: 50 cm.
DISTRIBUCIÓN: Sudoeste de EE. UU.
HÁBITAT: Desierto.
OBSERVACIONES: Es uno de los únicos lagartos venenosos del mundo. Su mordedura en los seres humanos, aunque es dolorosa, no es mortal.

DRAGÓN DE KOMODO
Varanus komodoensis

LONGITUD: 3 m.
DISTRIBUCIÓN: Islas de Komodo, Flores y Rinca.
HÁBITAT: Prados.
OBSERVACIONES: Tiene un agudo sentido del olfato, puede localizar un cadáver a más de 5 km de distancia. Son unos ágiles cazadores que pueden correr a 18 km/h.

LUCIÓN
Anguis fragilis

LONGITUD: 30 cm.
DISTRIBUCIÓN: Europa, oeste de Asia y Norte de África.
HÁBITAT: Prados y zonas urbanas.
OBSERVACIONES: Este lagarto sin patas se distingue de las serpientes por tener párpados y por la capacidad de regenerar su cola una vez cortada.

REPTILES

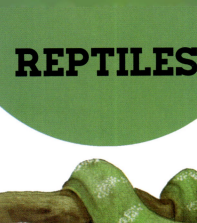

⬇ SERPIENTES (Serpentes)

Son depredadores formidables y muy bien adaptados. Aunque carecen de extremidades, párpados y oídos externos, se han adaptado a todos los hábitats, exceptuando los polos. Solo un 10% de las cerca de 2.900 especies de serpientes son venenosas.

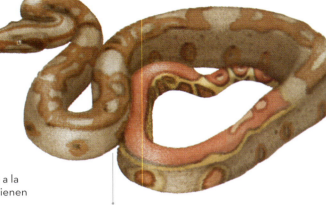

BOA ESMERALDA
Corallus caninus

LONGITUD: 1,8 m.
DISTRIBUCIÓN: Norte de Sudamérica.
HÁBITAT: Selva.
OBSERVACIONES: Está completamente adaptada a la vida arborícola. Las crías tienen un color rojo ladrillo.

BOA CONSTRICTORA
Boa constrictor

LONGITUD: De 1 a 4 m.
DISTRIBUCIÓN: Centroamérica, Sudamérica y algunas islas del Caribe.
HÁBITAT: Bosque, selva, prados, sabana, desierto y zonas urbanas.
OBSERVACIONES: Hay muchas subespecies, más de 25, y se diferencian por el dibujo de sus manchas.

SERPIENTE DE LOS MANGLARES
Boiga dendrophila

LONGITUD: 2,5 m.
DISTRIBUCIÓN: Sudeste de Asia.
HÁBITAT: Selva y manglares.
OBSERVACIONES: Es una cazadora nocturna, se alimenta de peces, lagartos, ranas y aves.

SERPIENTE REAL
Lampropeltis getula

LONGITUD: 2 m.
DISTRIBUCIÓN: Sur de EE. UU. y norte de México.
HÁBITAT: Bosques, sabana, desierto y zonas urbanas.
OBSERVACIONES: Presenta una notable variedad de colores y diseños, las hay negras, amarillas o rojas. Existen más de 7 subespecies, incluso dentro de la misma subespecie hay diferentes patrones de color.

ANACONDA
Eunectes murinus

LONGITUD: 10 m.
DISTRIBUCIÓN: Norte de Sudamérica.
HÁBITAT: Selvas, humedales, prados.
OBSERVACIONES: Debido a su gran peso, más de 500 kg, permanece la mayor parte del tiempo en el agua, donde acecha a mamíferos y aves.

FALSA CORAL SUDAMERICANA
Anilius scytale

LONGITUD: 90 cm.
DISTRIBUCIÓN: Norte de América del Sur.
HÁBITAT: Selva.
OBSERVACIONES: Su colorido rojo y negro imita al de las serpientes coral, muy venenosas. La falsa coral vive en madrigueras bajo tierra.

SERPIENTE DE COLLAR
Diadolphis punctatus

LONGITUD: 45 cm.
DISTRIBUCIÓN: EE. UU., sureste de Canadá y centro de México.
HÁBITAT: Bosques y prados.
OBSERVACIONES: Cuando se siente amenazada gira su cuerpo mostrando su parte inferior (ilustración), que está vivamente coloreada.

COBRA COMÚN O INDIA
Naja naja

LONGITUD: 1,7 m.
DISTRIBUCIÓN: India.
HÁBITAT: Bosque, sabana y zonas urbanas.
OBSERVACIONES: Es muy común en zonas de cultivos de arroz, por lo que a menudo se pone en contacto con el ser humano, siendo la responsable de más de 10.000 muertos al año.

SERPIENTE MARINA AMARILLA
Pelamis platura

LONGITUD: 1 m.
DISTRIBUCIÓN: Aguas cálidas del Indo-Pacífico.
HÁBITAT: Zonas costeras y océanos.
OBSERVACIONES: Su cuerpo está comprimido lateralmente, haciéndolo apto para nadar, en tierra firme es muy torpe. Es poco agresiva, pero su veneno es mortal para el hombre.

VÍBORA DEL GABÓN *Bitis gabonica*

LONGITUD: 1,5 m.
DISTRIBUCIÓN: África central.
HÁBITAT: Selva.
OBSERVACIONES: Sus colmillos pueden llegar a medir 5 cm; es muy venenosa, aunque es poco agresiva y pasa la mayor parte del tiempo escondida entre la hojarasca del suelo, perfectamente camuflada.

VÍBORA EUROPEA
Vipera berus

LONGITUD: 90 cm.
DISTRIBUCIÓN: Europa y centro y este de Asia.
HÁBITAT: Bosques y prados de alta montaña.
OBSERVACIONES: Es la única serpiente venenosa del noroeste europeo y la que soporta mejor el frío. Se la puede ver en alta montaña a casi 3.000 metros de altitud y en las praderas del circulo polar ártico.

SERPIENTE CIEGA DE TEXAS
Leptotyphlops dulcis

LONGITUD: 25 cm.
DISTRIBUCIÓN: Sur de EE. UU.
HÁBITAT: Sabana y desierto.
OBSERVACIONES: Vive bajo tierra y solo sale de noche después de las lluvias. Es totalmente ciega.

PITÓN REAL *Python regius*

LONGITUD: 1,2 m.
DISTRIBUCIÓN: África central.
HÁBITAT: Selva y sabana.
OBSERVACIONES: Pasa los meses más calurosos escondida bajo tierra.

Macho

Hembra

SERPIENTE LIANA DE MADAGASCAR
Langaha madagascariensis

LONGITUD: 90 cm.
DISTRIBUCIÓN: Madagascar.
HÁBITAT: Selva.
OBSERVACIONES: Se desconoce la utilidad del apéndice que presenta en el hocico. Su cuerpo delgado le permite camuflarse entre las ramas y las lianas.

CRÓTALO DIAMANTINO
Crotalus atrox

LONGITUD: 2 m.
DISTRIBUCIÓN: Sur de EE. UU. y norte de México.
HÁBITAT: Desierto, prados y montañas.
OBSERVACIONES: El cascabel que presenta en la cola esta compuesto por segmentos de piel seca que se van agregando en cada muda. Las crías no tienen cascabel.

MAMBA VERDE
Dendroaspis agusticeps

LONGITUD: 2,5 m.
DISTRIBUCIÓN: Sur y sudeste de África.
HÁBITAT: Selva y sabana.
OBSERVACIONES: Aunque es muy venenosa, rara vez entra en conflicto con el ser humano; vive entre las ramas, donde caza pequeños mamíferos, reptiles y aves.

⬇ ANFISBÉNIDOS (*Amphisbaenia*)

Aunque se los denomina *lagartos gusano*, no son ni lagartos ni gusanos. Pertenecen al mismo orden que las serpientes y los lagartos. Viven bajo tierra y son prácticamente ciegos. Hay 158 especies.

ANFISBENA BLANQUINEGRA
Amphisbaena fuliginosa

LONGITUD: 45 cm.
DISTRIBUCIÓN: Norte de Sudamérica.
HÁBITAT: Selva.
OBSERVACIONES: Si se siente amenazado puede desprenderse de su cola, la cual no se regenera.

LAGARTO GUSANO DE DOS PATAS
Bipes biporus

LONGITUD: 24 cm.
DISTRIBUCIÓN: México (Baja California).
HÁBITAT: Desierto.
OBSERVACIONES: El único anfisbénido que conserva sus dos patas delanteras. Pueden vivir de 1 a 2 años.

REPTILES

⬇ DINOSAURIOS CON CADERA DE LAGARTO
(Saurischia)

Aparecieron en el triásico superior (hace aproximadamente 228 millones de años). Se distinguen por presentar caderas con una forma similar a la de los lagartos, en la que el hueso púbico apunta hacia delante. Este grupo dio origen a las aves actuales. Todos los dinosaurios carnívoros pertenecen a este orden.

Archaeopteryx lithographica
Ala antigua

LONGITUD: 70 cm.
DISTRIBUCIÓN: Alemania. Hace entre 150 y 145 millones de años.
HÁBITAT: Zonas de deltas y pantanos.
OBSERVACIONES: Fue uno de los antepasados de las aves más primitivo.

Tyrannosaurus rex
Réptil tirano

LONGITUD: 12 m.
DISTRIBUCIÓN: EE. UU. Hace entre 68 y 65 millones de años.
HÁBITAT: Bosques cerca de ríos.
OBSERVACIONES: Las extremidades superiores eran relativamente pequeños en comparación con el resto del cuerpo.

Allosaurus fragilis
Réptil extraño

LONGITUD: 9 m.
DISTRIBUCIÓN: Norteamérica y Europa. Hace entre 155 y 150 millones de años.
HÁBITAT: Bosques despejados.
OBSERVACIONES: El gran número de *Allosaurus* encontrados en un mismo sitio, más de 60, hace pensar que vivía en grupo.

Eoraptor lunensis
Primer cazador

LONGITUD: 1,7 m.
DISTRIBUCIÓN: Argentina. Hace entre 231 y 225 millones de años.
HÁBITAT: Bosques de coníferas.
OBSERVACIONES: Uno de los dinosaurios más primitivos que se conocen.

Deinonychus antirrhopus
Uña terrible

LONGITUD: 3,5 m.
DISTRIBUCIÓN: EE. UU. Hace entre 121 y 98 millones de años.
HÁBITAT: Bosques y zonas de deltas y pantanos.
OBSERVACIONES: Tenía una garra retráctil en forma de hoz en el segundo dedo de cada pie.

Apatosaurus ajax
Réptil engañoso

LONGITUD: 21 m.
DISTRIBUCIÓN: EE. UU. Hace entre 154 y 147 millones de años.
HÁBITAT: Bosques despejados.
OBSERVACIONES: Una especie muy similar es conocida con el nombre de *Brontosaurus parvus*.

Brachiosaurus altithorax
Reptil con brazos

LONGITUD: 21 m.
DISTRIBUCIÓN: EE. UU. Hace entre 154 y 147 millones de años.
HÁBITAT: Bosques despejados.
OBSERVACIONES: Tenía una altura de 12 metros y podía comer el follaje de los árboles más altos.

Amargasaurus cazaui
Reptil de Amarga

LONGITUD: 10 m.
DISTRIBUCIÓN: Argentina. Hace entre 130 y 125 millones de años.
HÁBITAT: Bosques despejados.
OBSERVACIONES: Tenía unas largas espinas en el cuello que utilizaba como reclamo.

DINOSAURIOS CON CADERA DE AVE
(Ornithischia)

Aparecieron hace 228 millones de años, la forma del hueso púbico recuerda al pubis de las aves. Aunque el parecido es superficial, ya que las propias aves no son *Ornithischia*, sino *Saurischia*. Todos los *Ornithischia* eran herbívoros y se extinguieron hace 65 millones de años.

Pisanosaurus mertelli
Reptil de Pisano

LONGITUD: 1,3 m.
DISTRIBUCIÓN: Argentina. Hace entre 231 y 225 millones de años.
HÁBITAT: Bosques de coníferas.
OBSERVACIONES: Es el antepasado común de todos los ornitisquios.

Scelidosaurus harrisonii
Reptil con extremidades

LONGITUD: 3,8 m.
DISTRIBUCIÓN: Inglaterra. Hace entre 208 y 194 millones de años.
HÁBITAT: Bosques despejados.
OBSERVACIONES: Es el antepasado de todos los dinosaurios con coraza y púas en la espalda.

Hypsilophodon foxii
Dientes protuberantes

LONGITUD: 2 m.
DISTRIBUCIÓN: Inglaterra. Hace entre 130 y 125 millones de años.
HÁBITAT: Bosques despejados.
OBSERVACIONES: Antiguamente se creía que vivían en los árboles, ahora se cree que vivían en grandes manadas como las gacelas o las cebras actuales.

Triceratops horridus
Cara con tres cuernos

LONGITUD: 9 m.
DISTRIBUCIÓN: EE. UU. Hace entre 68 y 65 millones de años.
HÁBITAT: Bosques despejados cerca de ríos.
OBSERVACIONES: Sus largos cuernos de hasta un metro de largo eran una formidable arma para luchar contra los depredadores.

Ankylosaurus magniventris
Reptil acorazado

LONGITUD: 7 m.
DISTRIBUCIÓN: EE. UU. Hace entre 68 y 66 millones de años.
HÁBITAT: Bosques despejados.
OBSERVACIONES: El gran mazo caudal y su dura coraza lo convertían en una presa difícil.

Stegosaurus stenops
Reptil con tejado

LONGITUD: 7 m.
DISTRIBUCIÓN: EE. UU. Hace entre 156 y 144 millones de años.
HÁBITAT: Zonas pantanosas.
OBSERVACIONES: Las hembras tenían las placas de la espalda más puntiagudas que los machos.

Pachycephalosaurus wyomingensis
Reptil con cabeza gruesa

LONGITUD: 4 m.
DISTRIBUCIÓN: EE. UU. Hace entre 68 y 65 millones de años.
HÁBITAT: Bosques despejados.
OBSERVACIONES: Su cabeza dura servía para envestir a depredadores y machos rivales, pero no de frente, sino lateralmente.

Corythosaurus casuarius
Reptil con casco

LONGITUD: 10 m.
DISTRIBUCIÓN: EE. UU. Hace entre 77 y 75 millones de años.
HÁBITAT: Bosques despejados cerca de lagos.
OBSERVACIONES: Su cresta semicircular servía como bandera y estaba vivamente coloreada.

Parasaurolophus walkeri
Cerca del reptil crestado

LONGITUD: 10 m.
DISTRIBUCIÓN: EE. UU. Hace entre 83 y 71 millones de años.
HÁBITAT: Bosques despejados cerca de lagos.
OBSERVACIONES: Su gran cresta cefálica medía 1,7 metros y servía como amplificador de sonido y como reclamo visual.

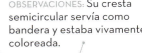

AVES

AVES CORREDORAS (Ratites)

Son aves que presentan un esternón plano, sin quilla. Por lo que la mayoría de *Ratites* no pueden volar, excepto los tinamúes (*Tinamiformes*), que sí mantienen la habilidad de volar. Todas las *Ratites* viven en el hemisferio sur. Existen 55 especies.

TINAMÚ CRESTADO ELEGANTE
Eudromia elegans

ALTURA: 41 cm.
DISTRIBUCIÓN: Sur de Sudamérica.
HÁBITAT: Desiertos y prados.
OBSERVACIONES: Se mueve en pequeños grupos, casi nunca vuela.

CASUARIO COMÚN
Casuarius casuarius

ALTURA: 1,5 m.
DISTRIBUCIÓN: Nueva Guinea, noreste de Australia.
HÁBITAT: Selva.
OBSERVACIONES: Se desconoce la utilidad de su cresta; presenta en el tercer dedo de cada pie una garra de 10 cm, que puede causar heridas letales.

AVESTRUZ
Sruthio camelus

ALTURA: 2,5 m.
DISTRIBUCIÓN: Sur de África y zona sur del Sahara.
HÁBITAT: Sabanas y desiertos.
OBSERVACIONES: Puede correr a más de 70 km/h.

ÑANDÚ COMÚN
Rhea americana

ALTURA: 1,5 m.
DISTRIBUCIÓN: Este y sudeste de Sudamérica.
HÁBITAT: Prados y desiertos.
OBSERVACIONES: Vive en grandes grupos; todas las hembras ponen los huevos en un nido comunitario.

KIWI MARRÓN
Apteryx australis

ALTURA: 60 cm.
DISTRIBUCIÓN: Nueva Zelanda.
HÁBITAT: Bosques y prados.
OBSERVACIONES: Es la única ave del mundo con los orificios nasales en la punta del pico y no en la base. Se alimenta de lombrices y larvas, su olfato es excelente. Es principalmente nocturno.

PINGÜINO DE LAS GALÁPAGOS
Spheniscus mendiculus

ALTURA: 45 cm.
DISTRIBUCIÓN: Islas Galápagos.
HÁBITAT: Zonas costeras.
OBSERVACIONES: Vive más al norte que cualquier otra especie de pingüino; solo nidifica en las islas Galápagos, situadas sobre la línea del Ecuador.

PINGÜINO DE HUMBOLDT
Spheniscus humboldti

ALTURA: 60 cm.
DISTRIBUCIÓN: Sudamérica occidental.
HÁBITAT: Zonas costeras.
OBSERVACIONES: Ponen dos huevos de diferente tamaño. Por lo general, solo el primer polluelo sobrevive.

PINGÜINO EMPERADOR
Aptenodytes forsteri

ALTURA: 1,1 m.
DISTRIBUCIÓN: Antártida.
HÁBITAT: Zonas costeras.
OBSERVACIONES: En invierno la hembra pone un huevo y el macho lo incuba hasta la primavera, soportando temperaturas de hasta –60 ºC.

PINGÜINO AZUL
Eudyptula minor

ALTURA: 40 cm.
DISTRIBUCIÓN: Sur de Australia y Nueva Zelanda.
HÁBITAT: Zonas costeras.
OBSERVACIONES: Tiene hábitos nocturnos.

SOMORMUJOS Y ZAMPULLINES
(Podicipediformes)

Son aves acuáticas que a menudo se zambullen en busca de alimento o como conducta evasiva. Se encuentran en todos los continentes. Hay 22 especies.

SOMORMUJO LAVANCO
Podiceps cristatus

LONGITUD: 50 cm.
DISTRIBUCIÓN: Asia, Europa, África, Australia y Nueva Zelanda.
HÁBITAT: Humedales y lagos.
OBSERVACIONES: Famoso por sus exhibiciones de galanteo muy complejas, en dichas exhibiciones su cresta se levanta y sus mechones auriculares se despliegan.

ACHICHILIQUE
Aechmophorus occidentalis

LONGITUD: 75 cm.
DISTRIBUCIÓN: Centro y sur de EE. UU.
HÁBITAT: Zonas costeras, humedales, ríos y lagos.
OBSERVACIONES: Los padres se turnan para llevar las crías sobre el dorso las primeras 4 semanas de vida.

ZAMPULLÍN DEL LAGO TITICACA
Rollandia micropterum

LONGITUD: 45 cm.
DISTRIBUCIÓN: Oeste de Sudamérica (lagos Titicaca y Poopó).
HÁBITAT: Lagos.
OBSERVACIONES: Es incapaz de volar, se encuentra únicamente en dos grandes lagos sudamericanos a una altitud de 3.600 metros.

ZAMPULLÍN COMÚN
Tachybaptus ruficollis

LONGITUD: 29 cm.
DISTRIBUCIÓN: Europa, Asia, África, Madagascar y Nueva Guinea.
HÁBITAT: Humedales, ríos, lagos y zonas urbanas.
OBSERVACIONES: Al contrario que la mayoría de miembros de su grupo, es un buen volador y un buen caminador.

COLIMBOS (Gaviiformes)

Son un grupo de aves marinas, muy adaptados a nadar bajo el agua. Viven en zonas árticas y subárticas. Existen 5 especies.

COLIMBO CHICO *Gavia stellata*

LONGITUD: 70 cm.
DISTRIBUCIÓN: Círculo polar ártico.
HÁBITAT: Zonas costeras, lagos, ríos y humedales árticos.
OBSERVACIONES: La conducta del cortejo incluye zambullidas, salpicaduras y sacudidas de pico.

COLIMBO GRANDE
Gavia immer

LONGITUD: 90 cm.
DISTRIBUCIÓN: Norteamérica, Groenlandia y Europa occidental.
HÁBITAT: Zonas costeras, lagos, ríos y humedales árticos.
OBSERVACIONES: Puede zambullirse a profundidades de 75 metros para capturar peces.

PINGÜINOS
(Sphenisciformes)

Son un grupo de aves marinas, no voladoras, que se distribuyen únicamente en el hemisferio sur, sobre todo en el círculo polar antártico. Hay 17 especies.

PINGÜINO REY
Aptenodytes patagonicus

ALTURA: 1 m.
DISTRIBUCIÓN: Círculo polar antártico.
HÁBITAT: Zonas costeras.
OBSERVACIONES: Las crías están cubiertas por un plumón castaño.

PINGÜINO DE ADELIA
Pygoscelis adeliae

ALTURA: 60 cm.
DISTRIBUCIÓN: Antártida.
HÁBITAT: Zonas costeras.
OBSERVACIONES: Se reproducen en grandes colonias de hasta 200.000 parejas.

PINGÜINO DE PENACHO AMARILLO *Eudyptes chrysocome*

ALTURA: 55 cm.
DISTRIBUCIÓN: Sur de Sudamérica, Australia y Nueva Zelanda.
HÁBITAT: Zonas costeras.
OBSERVACIONES: Ambos sexos incuban los huevos, normalmente 2.

AVES

▼ ALBATROS Y PARIENTES (Procellariiformes)

Son aves pelágicas (que se alimentan en mar abierto); todos ellos tienen los orificios nasales unidos en uno o dos tubos rectos. La mayoría solo pisan tierra forme para reproducirse. Hay 108 especies.

PARDELA PICHONETA
Puffinus puffinus

LONGITUD: 36 cm.
DISTRIBUCIÓN: Océano Atlántico.
HÁBITAT: Zonas costeras y alta mar.
OBSERVACIONES: Se reproduce en el Atlántico norte; en invierno vuela hacia el sur, a las aguas más cálidas de Brasil.

FULMAR
Fulmarus glacialis

LONGITUD: 50 cm.
DISTRIBUCIÓN: Círculo polar ártico, Pacífico norte y Atlántico norte.
HÁBITAT: Zonas costeras y alta mar.
OBSERVACIONES: Su número ha aumentado mucho en las aguas del Atlántico norte, debido al crecimiento de la cantidad de desechos dejados por los barcos de pesca.

ALBATROS VIAJERO
Diomedea exulans

LONGITUD: 1,3 m.
DISTRIBUCIÓN: Círculo polar antártico y costas meridionales de Sudamérica, África y Australia.
HÁBITAT: Zonas costeras y alta mar.
OBSERVACIONES: Con sus casi 3,5 metros de envergadura, es el ave voladora más grande del mundo.

ALBATROS DE PICO AMARILLO
Thalassarche chlororhynchos

LONGITUD: 76 cm.
DISTRIBUCIÓN: Atlántico sur.
HÁBITAT: Zonas costeras y alta mar.
OBSERVACIONES: Ambos padres crían al polluelo, hasta que puede comenzar a volar, lo cual ocurre a los 4 meses.

PAÍÑO DE WILSON
Oceanites oceanicus

LONGITUD: 17 cm.
DISTRIBUCIÓN: Todos los océanos.
HÁBITAT: Zonas costeras y alta mar.
OBSERVACIONES: Al enfrentarse con depredadores, expulsa un aceite maloliente del estómago hacia ellos.

▼ CIGÜEÑAS (Ciconiiformes)

Antes del año 2010 a los ibis, las garzas y las espátulas se les agrupaba dentro de este orden; actualmente las cigüeñas forman un orden aparte. Son aves de patas largas, cuello largo y pico grueso. Existen 19 especies.

CIGÜEÑA COMÚN
Ciconia ciconia

LONGITUD: 1,2 m.
DISTRIBUCIÓN: Europa, África y Asia.
HÁBITAT: Zonas urbanas, prados, sabana, ríos y humedales.
OBSERVACIONES: En el norte de Europa, sus nidos en los tejados son considerados señal de buena fortuna.

JABIRÚ AMERICANO
Jabiru mycteria

LONGITUD: 1,2 m.
DISTRIBUCIÓN: Sudamérica y México.
HÁBITAT: Lagos y humedales.
OBSERVACIONES: Se le encuentra en solitario; las parejas construyen nidos voluminosos sobre grandes árboles.

MARABÚ
Leptoptilos crumeniferus

LONGITUD: 1,5 m.
DISTRIBUCIÓN: África.
HÁBITAT: Lagos, humedales, pastos, sabana y zonas urbanas.
OBSERVACIONES: Su cabeza calva le permite comer carroña, sin ensuciar sus plumas; también es común verle alimentarse en vertederos de basura.

JABIRÚ AFRICANO
Ephippiorhynchus senegalensis

LONGITUD: 1,4 m.
DISTRIBUCIÓN: África.
HÁBITAT: Lagos, humedales y pastos.
OBSERVACIONES: Para alimentarse, permanece en el agua y arponea los peces que pasan cerca.

PELÍCANOS Y PARIENTES (Pelecaniformes)

Tienen hábitos acuáticos, Algunas son zancudas y la mayoría tiene un parche en la garganta de piel desnuda (saco gular). Anidan en colonias. Hay 165 especies.

PELÍCANO COMÚN
Pelecanus onocrotalus

LONGITUD: 1,6 m.
DISTRIBUCIÓN: África, sur de Europa y Asia.
HÁBITAT: Zonas costeras, lagos, ríos y humedales.
OBSERVACIONES: Utilizan el saco gular para capturar peces, para recolectar agua de lluvia para beber y para refrigerarse cuando el tiempo es muy cálido.

IBIS ESCARLATA
Eudocimus ruber

LONGITUD: 60 cm.
DISTRIBUCIÓN: Norte de Sudamérica.
HÁBITAT: Zonas costeras de manglares, lagos, ríos y humedales.
OBSERVACIONES: Los ejemplares jóvenes presentan un plumaje blanco y negro. Se agrupa en grandes bandadas.

GARCILLA BUEYERA
Bubulcus ibis

LONGITUD: 50 cm.
DISTRIBUCIÓN: Todos los continentes excepto la Antártida.
HÁBITAT: Humedales, pastos, sabanas y zonas urbanas.
OBSERVACIONES: Vive asociado a grandes animales de pasto, que utiliza como perchas temporales para divisar pequeños animalitos e insectos.

ALCATRAZ ATLANTICO
Morus bassanus

LONGITUD: 80 cm.
DISTRIBUCIÓN: Atlántico norte y Mediterráneo.
HÁBITAT: Zonas costeras y alta mar.
OBSERVACIONES: Divisa los peces de los que se alimenta a una altura de hasta 45 metros, y se puede zambullir a una velocidad de casi 100 km/h.

ESPÁTULA ROSADA
Platalea ajaja

LONGITUD: 80 cm.
DISTRIBUCIÓN: Sur de EE. UU. y Norte de Sudamérica.
HÁBITAT: Lagos, ríos y humedales.
OBSERVACIONES: Pesca haciendo oscilar lateralmente dentro del agua su pico ancho, capturando pequeños animales al azar.

GARZA REAL
Ardea cinerea

LONGITUD: 95 cm.
DISTRIBUCIÓN: Europa, Asia y África.
HÁBITAT: Lagos, ríos y humedales.
OBSERVACIONES: Para alimentarse, permanece parada, o anda despacio por el agua, y dispara la cabeza como un arpón para atrapar peces u otros animalitos acuáticos.

CORMORÁN COMÚN
Phalacrocorax carbo

LONGITUD: 90 cm.
DISTRIBUCIÓN: Europa, Asia, África, Australia y este de Norteamérica.
HÁBITAT: Zonas costeras, lagos y humedales.
OBSERVACIONES: Al contrario que la mayoría de aves marinas, su plumaje no es impermeable, por lo que debe secarse después de cada inmersión.

FRAGATA MAGNÍFICA
Fregata magnifiscens

LONGITUD: 1 m.
DISTRIBUCIÓN: Atlántico tropical y Pacífico este.
HÁBITAT: Zonas costeras, alta mar.
OBSERVACIONES: Durante la época de celo, los machos hinchan unos impresionantes sacos gulares de un rojo vivo, para atraer a la hembra.

PICOZAPATO
Balaeniceps rex

LONGITUD: 1,2 cm.
DISTRIBUCIÓN: África central.
HÁBITAT: Lagos, ríos y humedales.
OBSERVACIONES: Su potente pico le permite cazar presas bastante grandes como peces, tortugas, anfibios, incluso crías de cocodrilo.

MARTINETE COMÚN
Nycticorax nycticorax

LONGITUD: 65 cm.
DISTRIBUCIÓN: Todos los continentes, menos Australia y Antártida.
HÁBITAT: Zonas costeras, lagos y humedales.
OBSERVACIONES: También llamado *martinete de noche*, ya que caza durante la noche; se alimenta de ranas, peces y crías de otras aves.

AVES

PATOS Y PARIENTES (Anseriformes)

Todas las especies están muy adaptadas para una existencia acuática (en la superficie de agua), y todas están preparadas para una natación eficaz, aunque algunas se han adaptado a la vida en tierra firme. Hay 162 especies.

CHAJÁ CORNUDO
Anhima cornuta

LONGITUD: 80 cm.
DISTRIBUCIÓN: Norte de Sudamérica.
HÁBITAT: Pastos y humedales.
OBSERVACIONES: En la parte anterior de cada ala tiene un espolón de unos 2 cm de largo, que rara vez utiliza para atacar o defenderse. Aunque tiene la apariencia de un pavo, pertenece al orden de los anseriformes.

TARRO BLANCO
Tadorna tadorna

LONGITUD: 70 cm.
DISTRIBUCIÓN: Europa, Asia central y norte de África.
HÁBITAT: Zonas costeras, humedales salinos y pastos.
OBSERVACIONES: El macho presenta una prominencia en la parte superior de su pico, al contrario que las hembras.

GANSO CANADIENSE
Branta canadensis

LONGITUD: 55-110 cm.
DISTRIBUCIÓN: Norteamérica, norte de Europa, noreste de Asia y Nueva Zelanda.
HÁBITAT: Humedales, pastos árticos, bosques y zonas urbanas.
OBSERVACIONES: Existen más de 12 razas geográficas; las que viven más al norte son más pequeñas que las especies sureñas.

PATO MANDARÍN *Aix galericulata*

LONGITUD: 47 cm.
DISTRIBUCIÓN: Este de Asia.
HÁBITAT: Humedales y bosques.
OBSERVACIONES: Es un pato muy arborícola, anida en cavidades en los árboles a bastante altura; las crías al nacer deben saltar del nido al suelo.

EIDER REAL *Somateria spectabilis*

LONGITUD: 55 cm.
DISTRIBUCIÓN: Groenlandia, norte de Norteamérica, Europa y Asia.
HÁBITAT: Zonas costeras y humedales árticos.
OBSERVACIONES: Se sumerge en aguas gélidas en busca de crustáceos. Su plumaje es muy denso, con una gruesa capa de plumón.

MALVASÍA CANELA
Oxyura jamaicensis

LONGITUD: 40 cm.
DISTRIBUCIÓN: Norteamérica y Sudamérica, introducido en Europa occidental.
HÁBITAT: Lagos y humedales.
OBSERVACIONES: Algunos científicos consideran que las poblaciones de Norteamérica y las de Sudamérica son dos especies diferentes.

CISNE COMÚN
Cygnus olor

LONGITUD: 1,5 m.
DISTRIBUCIÓN: Norteamérica, Europa, Asia, África y Australia.
HÁBITAT: Humedales y lagos.
OBSERVACIONES: Originaria de Europa, ha sido introducida, como ave ornamental, en casi todo el mundo. Con sus 12 kg es una las aves voladoras más pesadas, lo que le dificulta bastante el despegue.

Hembra

Macho

ÁNADE REAL *Anas platyrhynchos*

LONGITUD: 60 cm.
DISTRIBUCIÓN: Hemisferio norte.
HÁBITAT: Humedales, lagos, prados y zonas urbanas.
OBSERVACIONES: Es muy común, ya que puede adaptarse a casi todos los tipos de hábitats acuáticos.

FLAMENCOS
(Phoenicopteriformes)

Son aves acuáticas muy especializadas, adaptadas a vivir en aguas con extrema salinidad y alimentarse utilizando su pico para filtrar diminutos organismos acuáticos. Existen 5 especies.

FLAMENCO COMÚN O ROJO
Phoenicopterus ruber

ALTURA: 1,5 m.
DISTRIBUCIÓN: Centroamérica, Sudamérica, Caribe, África, Sudoeste de Europa y Asia.
HÁBITAT: Zonas costeras, humedales, deltas, estuarios y manglares.
OBSERVACIONES: Los especímenes americanos presentan el plumaje más rojo que los que habitan en el Viejo Mundo.

FLAMENCO DE JAMES
Phoenicoparrus jamesi

ALTURA: 1,1 m.
DISTRIBUCIÓN: Oeste de Sudamérica.
HÁBITAT: Lagos salinos y humedales.
OBSERVACIONES: Pueden vivir a más de 3.000 metros de altitud, alimentándose de algas microscópicas, que abundan en lagos de sal. Durante el invierno permanecen a esa altitud en lagos donde hay manantiales de agua caliente.

AVES DE CAZA (Galliformes)

Son principalmente aves terrestres, de picos y patas fuertes. Son malos voladores. Habitan en la mayor parte de los continentes, a excepción de las regiones más áridas y las zonas polares. Hay 281 especies.

CODORNIZ DE CALIFORNIA
Callipepla californica
LONGITUD: 25 cm.
DISTRIBUCIÓN: Oeste de EE. UU.
HÁBITAT: Estepas, bosque de matorral y zonas áridas.
OBSERVACIONES: Vive en grupos alimentándose en tierra, pasa la noche entre las ramas bajas de los arbustos.

PINTADA VULTURINA
Acryllium vulturinum
LONGITUD: 60 cm.
DISTRIBUCIÓN: Este de África.
HÁBITAT: Sabana, zonas de matorral y bosques despejados.
OBSERVACIONES: Cuando se siente amenazada, prefiere huir corriendo, aunque vuela bien y pasa la noche en los árboles.

PAVO REAL *Pavo cristatus*
LONGITUD: 2,2 m (incluyendo la cola)
DISTRIBUCIÓN: India.
HÁBITAT: Selva y bosque.
OBSERVACIONES: Durante la época de apareamiento, el macho despliega su enorme cola y se muestra a las hembras, que escogen al mejor macho.

FAISÁN DORADO
Chrysolophus pictus
LONGITUD: 1 m (incluyendo la cola).
DISTRIBUCIÓN: Oeste de China, introducido en Gran Bretaña.
HÁBITAT: Prados.
OBSERVACIONES: La hembra es de color pardo para que sus depredadores no la descubran durante la época de cría; la nidada puede ser de 4 a 20 huevos.

GALLO DE BANKIVA
Gallus gallus
LONGITUD: 80 cm.
DISTRIBUCIÓN: Sureste de Asia.
HÁBITAT: Selvas despejadas.
OBSERVACIONES: Es el ancestro de los pollos domésticos y se crió por primera vez en cautiverio hace más de 5.000 años.

HOCO GIGANTE *Crax rubra*
LONGITUD: 95 cm.
DISTRIBUCIÓN: México y norte de Sudamérica.
HÁBITAT: Selvas.
OBSERVACIONES: El macho posee una voz muy potente que resuena por toda la selva y parece ser amplificada gracias a su larga tráquea.

PAVO AUSTRALIANO OCELADO
Leipoa ocellata
LONGITUD: 60 cm.
DISTRIBUCIÓN: Sur de Australia.
HÁBITAT: Sabana, zonas de matorral y bosques despejados.
OBSERVACIONES: La hembra entierra sus huevos en un gran montículo construido con vegetales por el macho; la descomposición de dichos vegetales genera el calor necesario para incubarlos.

PERDIZ ROJA
Alectoris rufa
LONGITUD: 34 cm.
DISTRIBUCIÓN: Europa sudoccidental.
HÁBITAT: Praderas abierta y zonas de cultivos.
OBSERVACIONES: Come principalmente vegetales, y predominan entre estos los cereales cultivados por el hombre.

GANGAS (Pterocliformes)

Originalmente fueron clasificadas dentro de los galliformes, con los que comparten características fruto de la evolución convergente por su adaptación común a los medios terrestres.

Posteriormente fueron trasladadas a *Columbiformes*, pero finalmente se les ha clasificado como un orden separado. Hay 16 especies.

GANGA COMÚN
Pterocles alchata
LONGITUD: 30 cm.
DISTRIBUCIÓN: Sur de Europa, Oriente Medio y norte de África.
HÁBITAT: Sabana y praderas.
OBSERVACIONES: Los machos vuelan grandes distancias en busca de agua para los polluelos, y transportan el agua de vuelta al nido empapando las plumas de su pecho.

AVES

Los psitaciformes son un orden de aves que incluye aproximadamente 372 especies que se encuentran principalmente en las zonas tropicales y subtropicales.

INSEPARABLE DE FISCHER
Agapornis fischeri

LONGITUD: 14 cm.
DISTRIBUCIÓN: Este de África.
HÁBITAT: Sabana.
OBSERVACIONES: Las parejas permanecen unidas de por vida, de ahí su nombre de inseparable.

Hembra   Macho

LORO ECLECTO
Eclectus roratus

LONGITUD: 35 cm.
DISTRIBUCIÓN: Nueva Guinea e islas próximas.
HÁBITAT: Selvas, bosques y sabanas.
OBSERVACIONES: Entre los dos sexos hay una sorprendente diferencia de color.

KEA
Nestor notabilis

LONGITUD: 48 cm.
DISTRIBUCIÓN: Nueva Zelanda.
HÁBITAT: Zonas montañosas.
OBSERVACIONES: Es el único loro que se alimenta de carne.

AMAZONAS DE FRENTE AZUL
Amazonas aestiva

LONGITUD: 35 cm.
DISTRIBUCIÓN: Brasil, Bolivia y Paraguay.
HÁBITAT: Selvas.
OBSERVACIONES: Muy capturado para ser animal de compañía.

KAKAPO
Strigops habroptilus

LONGITUD: 65 cm.
DISTRIBUCIÓN: Nueva Zelanda.
HÁBITAT: Bosques densos.
OBSERVACIONES: Es la única especie de loro que no puede volar.

LORI DE CABEZA AZUL
Trichoglossus haematodus

LONGITUD: 26 cm.
DISTRIBUCIÓN: Indonesia, Nueva Guinea, norte, sur y este de Australia y varias islas del Pacífico.
HÁBITAT: Bosques.
OBSERVACIONES: El color del plumaje varía según su área de distribución.

PERIQUITO ONDULADO
Melopsittacus undulatus

LONGITUD: 18 cm.
DISTRIBUCIÓN: Australia.
HÁBITAT: Zonas desérticas y semidesérticas.
OBSERVACIONES: En cautividad se han criado muchas variedades con multitud de patrones de color.

CACATÚA DE CRESTA AMARILLA
Cacatua galerita

LONGITUD: 35 cm.
DISTRIBUCIÓN: Nueva Guinea y Australia.
HÁBITAT: Bosques abiertos y sabanas.
OBSERVACIONES: Vive en grandes bandadas.

GUACAMAYO ROJO
Ara macao

LONGITUD: 85 cm.
DISTRIBUCIÓN: Centroamérica y Sudamérica.
HÁBITAT: Bosques abiertos y selvas.
OBSERVACIONES: Forma pequeñas bandadas compuestas por una pareja o un pequeño grupo familiar.

LORITO PIGMEO
Micropsitta bruijnii

LONGITUD: 9 cm.
DISTRIBUCIÓN: Nueva Guinea, las Molucas septentrionales y las islas Bismarck y Salomón.
HÁBITAT: Selvas.
OBSERVACIONES: El nombre científico *bruijnii* homenajea al comerciante de plumas holandés Antonie Augustus Bruijn.

TURACOS y CUCLILLOS (Cuculiformes)

Los cuculiformes son un orden de aves que incluye los turacos, los cucos, los correcaminos y el hoatzin. Incluye un total de 165 especies. Se los considera emparentadas con los psitaciformes, ya que, al igual que estos, presentan dos dedos dirigidos hacia adelante y dos dirigidos hacia atrás.

HOATZIN
Opisthocomus hoazin
LONGITUD: 65 cm.
DISTRIBUCIÓN: Cuenca del Amazonas.
HÁBITAT: Selvas, bosques y sabanas.
OBSERVACIONES: Las crías nacen con una uña en el borde delantero de cada ala.

TURACO DE CRESTA ROJA
Tauraco erytrholophus
LONGITUD: 40 cm.
DISTRIBUCIÓN: Angola.
HÁBITAT: Selvas y sabanas.
OBSERVACIONES: Es una ave poco conocida, se desconocen sus hábitos reproductivos.

CUCO
Cuculus canorus
LONGITUD: 33 cm.
DISTRIBUCIÓN: Europa, Asia y África.
HÁBITAT: Bosques de todo tipo.
OBSERVACIONES: Pone un único huevo en el nido de un pájaro insectívoro, que cuidará al polluelo de cuco.

CORRECAMINOS *Geococcyx californianus*
LONGITUD: 50 cm.
DISTRIBUCIÓN: Sudoeste de EE. UU. y México.
HÁBITAT: Desiertos y praderas.
OBSERVACIONES: Casi nunca vuela, pero puede correr a más de 30 km/h.

PALOMA IMPERIAL
Ducula aurorae
LONGITUD: 50 cm.
DISTRIBUCIÓN: Tahití y Makatea.
HÁBITAT: Selva.
OBSERVACIONES: Solo quedan 1.200 ejemplares, la población de Tahití está prácticamente extinta.

PALOMAS (Columbiformes)

El orden *Columbiformes* contiene 322 especies vivas y 12 extintas en tiempos históricos, como el dodo (*Raphus cuculatus*).

PALOMA APUÑALADA
Gallicolumba luzonica
LONGITUD: 28 cm.
DISTRIBUCIÓN: Filipinas.
HÁBITAT: Selvas.
OBSERVACIONES: Casi nunca vuela, siempre se desplaza andando por el suelo de la pluvisilva.

GURA VICTORIA *Goura victoria*
LONGITUD: 75 cm.
DISTRIBUCIÓN: Nueva Guinea.
HÁBITAT: Selvas.
OBSERVACIONES: Vuela pesadamente y muy de vez en cuando para escapar del peligro.

PALOMA TORCAZ
Columba palumbus
LONGITUD: 45 cm.
DISTRIBUCIÓN: Europa, norte de África, Oriente Medio hasta India.
HÁBITAT: Bosques y zonas abiertas.
OBSERVACIONES: A menudo se le ve en zonas urbanas.

PALOMA LORO DE CABEZA PÚRPURA
Ptilinopus superbus
LONGITUD: 22 cm.
DISTRIBUCIÓN: Nueva Guinea, noreste de Australia y Célebes.
HÁBITAT: Selva.
OBSERVACIONES: Se alimenta de frutos.

TÓRTOLA COMÚN
Streptotelia turtur
LONGITUD: 28 cm.
DISTRIBUCIÓN: Europa, Asia central y África.
HÁBITAT: Bosques, prados y zonas urbanas.
OBSERVACIONES: Antiguamente era muy común; actualmente ha sido reemplazada por la tórtola turca (*S. decaocto*).

31

AVES

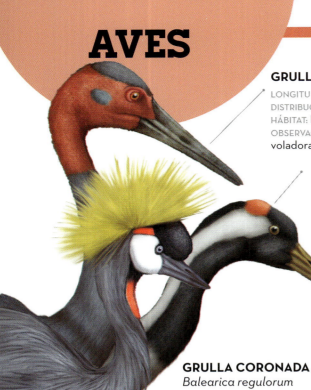

GRULLA ANTÍGONA *Antigone antigone*

LONGITUD: 1,5 m.
DISTRIBUCIÓN: Sur y sureste de Asia y norte de Australia.
HÁBITAT: Humedales.
OBSERVACIONES: Con sus 1,75 m de altura, es el ave voladora más alta.

GRULLA COMÚN *Grus grus*

LONGITUD: 1,2 m.
DISTRIBUCIÓN: Europa, Asia y norte de África.
HÁBITAT: Bosques abiertos, prados y pantanos.
OBSERVACIONES: Emite un reclamo de trompeta intenso, amplificado por su larga tráquea.

GRULLA CORONADA
Balearica regulorum

LONGITUD: 1 m.
DISTRIBUCIÓN: Sudeste de África.
HÁBITAT: Sabanas y humedales.
OBSERVACIONES: Las parejas se exhiben con una danza a saltos y fuertes reclamos.

 ## GRULLAS Y PARIENTES (*Gruiformes*)

A primera vista, algunas familias de *Gruiformes* parecen tener poco en común entre sí porque son de aspecto muy diverso. Sin embargo, estudios genéticos relacionan dichas familias tan diferentes anatómicamente. Existen 178 especies.

POLLA DE AGUA *Gallinula chloropus*

LONGITUD: 33 cm.
DISTRIBUCIÓN: Todo el mundo, menos los polos y Australia.
HÁBITAT: Humedales, zonas urbanas y ríos.
OBSERVACIONES: Ambos sexos colaboran en la construcción del nido a base de juncos y cañas.

RASCÓN BUCEADOR
Podica senegalensis

LONGITUD: 55 cm.
DISTRIBUCIÓN: África.
HÁBITAT: Humedales.
OBSERVACIONES: Es un excelente nadador, sus dedos presentan lóbulos carnosos para impulsarse por el agua.

 ## MESITOS (*Mesitornithiformes*)

Son malos voladores y exclusivos de Madagascar. Hay 3 especies.

MESITO PECHIALBO *Mesitornis variegatus*

LONGITUD: 25 cm.
DISTRIBUCIÓN: Norte de Madagascar.
HÁBITAT: Bosques abiertos.
OBSERVACIONES: Vive en el suelo recorriendo el sotobosque en busca de semillas e insectos. Rara vez vuela.

MESITO DE BENSCH *Monias benschi*

LONGITUD: 32 cm.
DISTRIBUCIÓN: Sudoeste de Madagascar.
HÁBITAT: Sabana y zonas semidesiertas.
OBSERVACIONES: Nunca se le ha visto volar, por lo que se desconoce si posee dicha capacidad.

RASCÓN
Rallus aquaticus

LONGITUD: 25 cm.
DISTRIBUCIÓN: Europa, Asia, norte de África y Oriente Medio.
HÁBITAT: Humedales.
OBSERVACIONES: Sale al anochecer. Es una ave huraña, solo descubre su presencia mediante sus fuertes y estridentes reclamos.

TAKAHE *Porphyrio mantelli*

LONGITUD: 63 cm.
DISTRIBUCIÓN: Nueva Zelanda (isla Sur).
HÁBITAT: Bosques montañosos.
OBSERVACIONES: Evolucionó aislado en Nueva Zelanda; en ausencia de depredadores, se volvió incapaz de volar.

RASCÓN DE COLA ENCRESPADA
Sarothrura lugens

LONGITUD: 15 cm.
DISTRIBUCIÓN: África tropical.
HÁBITAT: Bosques despejados, humedales y sabanas.
OBSERVACIONES: Es activo durante la noche. Su cola presenta un plumaje muy suave.

 ## KAGU Y AVE SOL (*Eurypygiformes*)

Son malos voladores y se vuelven activos al atardecer. Hay 2 especies.

KAGU *Rhynochetos jubatus*

LONGITUD: 55 cm.
DISTRIBUCIÓN: Nueva Caledonia.
HÁBITAT: Bosques montañosos y zonas despejada.
OBSERVACIONES: Casi no vuela. Confecciona un nido de ramitas molidas, poniendo un solo huevo. Es vulnerable a las ratas y gatos introducidos en la isla y está amenazado de extinción.

AVE SOL
Eurypyga helias

LONGITUD: 45 cm.
DISTRIBUCIÓN: Centroamérica y norte de Sudamérica.
HÁBITAT: Ríos.
OBSERVACIONES: Las bonitas manchas rojas de sus alas son importantes durante la época de celo, cuando los machos se exhiben.

AVES ZANCUDAS, GAVIOTAS Y ALCAS (Charadriiformes)

Distribuidas por todo el mundo en una amplia variedad de hábitats. Todas están relacionadas (de una u otra forma) con el agua, tanto dulce como salada. Incluye un total de 351 especies.

AVOCETA
Recurvirostra avosetta

LONGITUD: 45 cm.
DISTRIBUCIÓN: Europa, Asia central y África.
HÁBITAT: Humedales, marismas y costas.
OBSERVACIONES: Se alimenta con su pico largo y encorvado hacia arriba, utilizándolo como escoba para barrer las aguas poco profundas o el lodo.

OSTRERO COMÚN
Aematopus ostralegus

LONGITUD: 45 cm.
DISTRIBUCIÓN: Europa, Asia y norte de África.
HÁBITAT: Costas y marismas.
OBSERVACIONES: El extremo del pico, aplanado verticalmente como la hoja de una navaja, es útil para abrir bivalvos y desenganchar lapas de las rocas.

JACANA AFRICANA
Actophilornis africana

LONGITUD: 30 cm.
DISTRIBUCIÓN: África.
HÁBITAT: Lagos y humedales.
OBSERVACIONES: Sus extraordinarios pies son una adaptación que les permite andar sobre la vegetación flotante.

AGACHADIZA COMÚN
Gallinago gallinago

LONGITUD: 25 cm.
DISTRIBUCIÓN: Europa, Asia, Norteamérica, norte de Sudamérica y norte de África.
HÁBITAT: Humedales y praderas.
OBSERVACIONES: Se camufla sorprendentemente bien entre el follaje del sotobosque donde vive y se alimenta.

FRAILECILLO COMÚN
Fratercula arctica

LONGITUD: 33 cm.
DISTRIBUCIÓN: Atlántico norte, Europa y Groenlandia.
HÁBITAT: Costas y mar abierto.
OBSERVACIONES: Durante la época de cría, los colores del pico de los machos se vuelven más brillantes (ilustración) para atraer a las hembras.

CHORLITEJO GRANDE
Charadrius hiaticula

LONGITUD: 19 cm.
DISTRIBUCIÓN: Zonas árticas, Europa, Asia y África.
HÁBITAT: Prados árticos, costas y lagos.
OBSERVACIONES: Busca, entre los guijarros, pequeños moluscos e insectos.

Invierno

GAVIOTA REIDORA
Larus ridibundus

LONGITUD: 40 cm.
DISTRIBUCIÓN: Europa, Asia, este de Norteamérica y norte de África.
HÁBITAT: Humedales, costas, lagos y zonas urbanas.
OBSERVACIONES: Es muy común, cría en grandes colonias y a menudo visita vertederos en busca de comida.

Verano

ALCA COMÚN
Alca torda

LONGITUD: 40 cm.
DISTRIBUCIÓN: Atlántico norte.
HÁBITAT: Costas y alta mar.
OBSERVACIONES: Por su color, su manera de bucear y pescar, recuerda a los pingüinos, pero, al contrario que estos, las alcas vuelan eficazmente.

GAVIOTA ARGÉNTEA
Larus argentatus

LONGITUD: 63 cm.
DISTRIBUCIÓN: Todo el hemisferio norte y zonas de Centroamérica, África, India y sudeste Asiático.
HÁBITAT: Costas y zonas urbanas.
OBSERVACIONES: Es una oportunista que se ha vuelto una carroñera urbana.

PICOVAINA NIVAL
Chionis alba

LONGITUD: 40 cm.
DISTRIBUCIÓN: Sur de Sudamérica, islas Malvinas y Antártida.
HÁBITAT: Costas.
OBSERVACIONES: La piel desnuda de la cara le permite comer carroña sin ensuciar su níveo plumaje.

AVUTARDAS

(Otidiformes)

Son de hábitos principalmente terrestres, y están asociados a ambientes secos, del Viejo Mundo. Existen 26 especies.

SISÓN AFRICANO
Eupodotis afra

LONGITUD: 55 cm.
DISTRIBUCIÓN: Sudáfrica.
HÁBITAT: Sabana, semidesiertos y praderas de matorral.
OBSERVACIONES: La hembra pone un único huevo en el suelo, sin apenas construir nido.

AVUTARDA COMÚN
Otis tarda

LONGITUD: 95 cm.
DISTRIBUCIÓN: España, Marruecos, este de Europa y centro y este de Asia.
HÁBITAT: Sabana, semidesiertos y praderas de matorral.
OBSERVACIONES: Con un peso de 15 a 19 kg, es el ave voladora más pesada de todas.

AVES

⬇ RAPACES DIURNAS (Falconiformes)

También llamadas *Accipitriformes*, son aves adaptadas a la caza, con fuertes picos curvados y garras afiladas. Hay 309 especies.

RATONERO COMÚN
Buteo buteo

LONGITUD: 50-55 cm.
DISTRIBUCIÓN: Europa, Asia y África oriental.
HÁBITAT: Bosques despejados y prados.
OBSERVACIONES: Tiene una amplia variedad de plumajes: el ocre rojizo, el oscuro casi negro o el pálido.

HALCÓN PIGMEO
Microhierax caerulescens

LONGITUD: 19 cm.
DISTRIBUCIÓN: Sudeste asiático y norte de la India.
HÁBITAT: Bosque y selva.
OBSERVACIONES: Es la rapaz más pequeña, caza insectos y pequeños pájaros.

ÁGUILA CABECIBLANCA AMERICANA
Haliaeetus leucocephalus

LONGITUD: 70-95 cm.
DISTRIBUCIÓN: Norteamérica.
HÁBITAT: Bosques, humedales, lagos y costas.
OBSERVACIONES: Emblema de los EE. UU., se alimenta principalmente de peces. Tiene una envergadura de más de 2,5 metros.

BUITRE LEONADO
Gyps fulvus

LONGITUD: 90-110 cm.
DISTRIBUCIÓN: Costa mediterránea, Oriente Medio, India y África.
HÁBITAT: Sabana y semidesiertos.
OBSERVACIONES: La ausencia de plumas en su cuello les permite penetrar en los cadáveres sin ensuciar su plumaje.

HALCÓN PEREGRINO *Falco peregrinus*

LONGITUD: 38-51 cm.
DISTRIBUCIÓN: Todo el mundo excepto Antártida.
HÁBITAT: Montaña, prados, sabana y humedales.
OBSERVACIONES: Llega a alcanzar velocidades de más de 350 km/h cuando se lanza en picado.

HARPÍA *Harpia harpyja*

LONGITUD: 90 cm.
DISTRIBUCIÓN: Sudamérica.
HÁBITAT: Selva.
OBSERVACIONES: Sus alas cortas y anchas le permiten maniobrar a través de la espesa selva, donde captura aves, monos, perezosos y otros mamíferos arborícolas.

ALIMOCHE *Neophron percnoptera*

LONGITUD: 60-70 cm.
DISTRIBUCIÓN: Sur de Europa, Oriente Medio e India.
HÁBITAT: Sabana y praderas.
OBSERVACIONES: Para romper los enormes huevos de avestruz de los que a veces se alimenta, utiliza una piedra como martillo.

ZOPILOTE REY
Sarcoramphus papa

LONGITUD: 80 cm.
DISTRIBUCIÓN: Sudamérica y México.
HÁBITAT: Selvas y sabana.
OBSERVACIONES: Puesto que la carroña es muy difícil de ver en la selva, esta ave utiliza el sentido del olfato para detectar los cadáveres.

SECRETARIO
Sagittarius serpentarius

LONGITUD: 1,3-1,5 cm.
DISTRIBUCIÓN: África.
HÁBITAT: Sabana y desiertos.
OBSERVACIONES: Utiliza sus largas patas para golpear a sus presas; es principalmente terrestre, casi nunca vuela y utiliza sus alas como escudo cuando ataca serpientes.

→ CHUÑAS (Cariamiformes)

Solo hay 2 especies que habitan en Sudamérica y son los únicos descendientes que han sobrevivido de un grupo de aves carnívoras terrestres de gran tamaño que vivieron hace millones de años.

CHUÑA DE PATAS ROJAS
Cariama cristata

LONGITUD: 70-90 cm.
DISTRIBUCIÓN: Este de Sudamérica.
HÁBITAT: Sabana y bosques despejados.
OBSERVACIONES: Tanto en forma como en conducta recuerda al secretario africano, pero no están emparentados.

RAPACES NOCTURNAS (Strigiformes)

Se encuentran en todo el mundo, excepto en los polos. Son grandes cazadores, de hábitos nocturnos y solitarios. Sus ojos son muy grandes y, en vez de estar situados a los lados de la cabeza, se hallan orientados hacia adelante. Hay 205 especies.

LECHUZA GAVILANA
Surnia ulula

LONGITUD: 35-45 cm.
DISTRIBUCIÓN: Norte de Norteamérica, norte de Europa y Asia.
HÁBITAT: Bosque.
OBSERVACIONES: Por la forma de sus alas y su cola recuerda un halcón o un gavilán; además, caza de día.

CÁRABO LAPÓN
Strix nebulosa

LONGITUD: 68 cm.
DISTRIBUCIÓN: Norte de Norteamérica, norte de Europa e Asia.
HÁBITAT: Bosques y zonas despejadas.
OBSERVACIONES: A veces se zambulle en la nieve en busca de presas.

BÚHO REAL
Bubo bubo

LONGITUD: 70 cm.
DISTRIBUCIÓN: Europa y Asia.
HÁBITAT: Bosques, acantilados y desiertos.
OBSERVACIONES: Su enorme tamaño le permite cazar todo tipo de mamíferos pequeños y medianos, como roedores, conejos, liebres e incluso zorros.

MOCHUELO MINERO
Athene cunicularia

LONGITUD: 24 cm.
DISTRIBUCIÓN: Sur de Norteamérica y Sudamérica.
HÁBITAT: Sabana y zonas semidesiertas.
OBSERVACIONES: Vive en madrigueras, sus patas largas le permiten correr a gran velocidad.

LECHUZA COMÚN
Tyto alba

LONGITUD: 34 cm.
DISTRIBUCIÓN: Todo el mundo, excepto zonas polares y el centro de Asia.
HÁBITAT: Prados, sabana y zonas de matorral.
OBSERVACIONES: Tiene muchas fases de color, que van del casi blanco al gris o al marrón oscuro.

BÚHO PESCADOR
Ketupa ketupa

LONGITUD: 42 cm.
DISTRIBUCIÓN: Sudeste de Asia.
HÁBITAT: Bosques, ríos y lagos.
OBSERVACIONES: No tiene plumas en las patas, lo que le permite pescar peces y anfibios sin mojarse las plumas.

BÚHO NIVAL
Nyctea scandiaca

LONGITUD: 58 cm.
DISTRIBUCIÓN: Círculo polar ártico.
HÁBITAT: Tundra y costas.
OBSERVACIONES: Está completamente adaptado al frío, su espeso plumaje le cubre desde los pies hasta los orificios nasales.

CHOTACABRAS Y PODARGOS (Caprimulgiformes)

Se trata de aves nocturnas con gran facilidad para camuflarse. Se cree que los miembros de este orden están lejanamente emparentados con las rapaces nocturnas (Strigiformes). Hay 121 especies.

GUACHARO
Steatornis caripensis

LONGITUD: 48 cm.
DISTRIBUCIÓN: Norte de Sudamérica.
HÁBITAT: Bosques montañosos y cerca del mar.
OBSERVACIONES: Su nido es un montículo de semillas regurgitadas situado en un saliente de la pared de una cueva.

CHOTACABRAS EUROPEO
Caprimulgus europaeus

LONGITUD: 25 cm.
DISTRIBUCIÓN: Europa, África y centro de Asia.
HÁBITAT: Bosques despejados, prados, sabana y zonas semidesiertas.
OBSERVACIONES: Pasa el día camuflado entre la hojarasca del suelo.

EGOTELO DE RAND
Aegotheles tatei

LONGITUD: 25 cm.
DISTRIBUCIÓN: Centro de Nueva Guinea.
HÁBITAT: Bosque.
OBSERVACIONES: Sus largos y cerdosos bigotes, parecidos a los de un gato, son sensibles al tacto.

PODARGO AUSTRALIANO
Podargus strigoides

LONGITUD: 45 cm.
DISTRIBUCIÓN: Australia y Tasmania.
HÁBITAT: Bosques y prados.
OBSERVACIONES: Se oculta durante el día imitando el aspecto de una rama seca, manteniendo el cuerpo rígido, recto y los enormes ojos cerrados.

AVES

VENCEJOS Y COLIBRÍES (Apodiformes)

Se caracterizan por el pequeño tamaño de las patas. Algunos científicos separan los colibríes de los *Apodiformes* como un nuevo orden (*Trochiliformes*); sin embargo, los colibríes y vencejos tienen entre sí similitudes anatómicas y diversos autores no aceptan dicha separación. Existen 438 especies.

VENCEJO COMÚN
Apus apus

LONGITUD: 17 cm.
DISTRIBUCIÓN: Europa, Asia y África.
HÁBITAT: Zonas rocosas, prados, sabanas y zonas urbanas.
OBSERVACIONES: Pasa la mayor parte de su vida volando, incluso duerme y se aparea en el aire.

VENCEJO CRESTADO
Hemiprocne comata

LONGITUD: 17 cm.
DISTRIBUCIÓN: Sudeste asiático.
HÁBITAT: Bosques despejados y prados.
OBSERVACIONES: A diferencia del resto de vencejos, pasa bastante más tiempo posado en las ramas que volando.

VENCEJO GORJIBLANCO
Aeronautes saxatalis

LONGITUD: 17 cm.
DISTRIBUCIÓN: Norteamérica y Centroamérica.
HÁBITAT: Zonas montañosas.
OBSERVACIONES: Puede volar a casi 300 km/h.

VENCEJO REAL
Tachymarptis melba

LONGITUD: 22 cm.
DISTRIBUCIÓN: Sur de Europa, sur de Asia hasta India y África.
HÁBITAT: Prados, sabana, zonas montañosas, acantilados y zonas urbanas.
OBSERVACIONES: A diferencia del vencejo común, duerme en nidos.

QUETZALES Y TROGONES (Trogoniformes)

La palabra griega *trogon* significa 'mordisquear' y se refiere al hecho de que estas aves horadan agujeros en los árboles o en termiteros para construir sus nidos; viven en hábitats tropicales. Hay 35 especies.

AVES RATÓN (Coliiformes)

Este grupo habita solo en África, aunque en el pasado tenía una distribución más amplia. Hay 6 especies.

AVE RATÓN DORSIBLANCO
Colius colius

LONGITUD: 12 cm (más 18 cm la cola).
DISTRIBUCIÓN: Sur de África.
HÁBITAT: Sabana y zonas semidesérticas.
OBSERVACIONES: Es una especie sedentaria principalmente frugívora, que se alimenta de frutos, hojas, semillas y néctar.

AVE RATÓN DE NUCA AZUL
Urocolius macrourus

LONGITUD: 13 cm (más 19 cm la cola).
DISTRIBUCIÓN: África oriental y subsahariana.
HÁBITAT: Sabana y zonas semidesérticas.
OBSERVACIONES: Los juveniles carecen del azul de la nuca; su carúncula facial es rosada y su pico, verdoso.

QUETZAL
Pharomachus mocinno

LONGITUD: 30 cm (más 60 cm la cola).
DISTRIBUCIÓN: Centroamérica.
HÁBITAT: Selva montañosa.
OBSERVACIONES: Su larga cola se desprende después de la época de reproducción.

TROGÓN COLIBLANCO
Trogon viridis

LONGITUD: 30 cm.
DISTRIBUCIÓN: Norte de Sudamérica.
HÁBITAT: Selva abierta.
OBSERVACIONES: Las hembras tienen la cola rayada.

PICO ESPADA
Ensifera ensifera

LONGITUD: 7,5 cm (más 7 cm del pico)
DISTRIBUCIÓN: Los Andes.
HÁBITAT: Colinas con arbustos de alta montaña.
OBSERVACIONES: El largo pico le permite llegar al fondo de las flores más largas y alimentarse del néctar.

PICO DE ÁGUILA
Eutoxeres aquila

LONGITUD: 12 cm.
DISTRIBUCIÓN: Colombia, Costa Rica, Ecuador, Panamá y Perú.
HÁBITAT: Bosques húmedos.
OBSERVACIONES: Su pico está adaptado para tomar néctar de las orquídeas *Coryanthes* y las flores *Heliconias*.

COLIBRÍ GARGANTA DE RUBÍ
Archilochus colubris

LONGITUD: 9 cm.
DISTRIBUCIÓN: Norteamérica, Centroamérica y Antillas.
HÁBITAT: Prados, bosques y zonas urbanas.
OBSERVACIONES: Emigra 800 km a través del golfo de México para invernar.

VENCEJO DE LAS PALMAS
Cypsiurus parvus

LONGITUD: 17 cm.
DISTRIBUCIÓN: Oeste de África.
HÁBITAT: Sabana y prados.
OBSERVACIONES: El nido de plumón y plumas está pegado a la parte inferior de una hoja de palmera con la saliva, que también utiliza para asegurar los dos huevos de la puesta.

COLIBRÍ GIGANTE
Patagona gigas

LONGITUD: 21 cm.
DISTRIBUCIÓN: Los Andes.
HÁBITAT: Zonas montañosas de matorral.
OBSERVACIONES: Puede vivir casi a nivel del mar hasta altitudes de 3.000 metros. Aparte de néctar, también caza insectos.

COLIBRÍ ABEJA
Mellisuga helenae

LONGITUD: 5,5 cm.
DISTRIBUCIÓN: Cuba e isla de la Juventud.
HÁBITAT: Bosque.
OBSERVACIONES: Bate sus alas a una velocidad de hasta 80 veces por segundo.

COLIBRÍ ADORNADO *Lophornis ornatus*

LONGITUD: 7 cm.
DISTRIBUCIÓN: Norte de Sudamérica.
HÁBITAT: Zonas abiertas y urbanas.
OBSERVACIONES: Las hembras carecen de cresta y las plumas largas del cuello; estas ponen dos huevos en un pequeño nido en forma de cuenco situado en la rama de un árbol.

COLIBRÍ RUBÍ
Chrysolampis mosquitus

LONGITUD: 9 cm.
DISTRIBUCIÓN: Este de Sudamérica.
HÁBITAT: Bosques húmedos, prados, sabana y manglares.
OBSERVACIONES: La hembra pone dos huevos, que empolla durante 16 días. Los polluelos son cuidados por sus padres unos 18-19 días más.

COLIBRÍ TOPACIO
Topaza pella

LONGITUD: 10 cm (más 10 cm la cola).
DISTRIBUCIÓN: Noreste de Sudamérica.
HÁBITAT: Selva húmeda.
OBSERVACIONES: La hembra es prácticamente de color verde. Es una ave muy poco común.

COLIBRÍ COLA DE RAQUETA
Loddigesia miriabilis

LONGITUD: 12 cm (más 14 cm la cola).
DISTRIBUCIÓN: Norte de Perú.
HÁBITAT: Selva húmeda.
OBSERVACIONES: Es único entre las aves, pues tiene solo cuatro plumas en la cola. Solo habita la cuenca del río Utcubamba.

SILFO CELESTE *Aglaiocercus coelestis*

LONGITUD: 9 cm (más 9,5 cm la cola).
DISTRIBUCIÓN: Los Andes (Colombia, Ecuador).
HÁBITAT: Bosques húmedos.
OBSERVACIONES: Se alimenta del néctar de las flores. Busca alimento a baja altura. No acostumbra buscar flores en los árboles. Vive a una altitud de unos 900 metros.

AVES

MARTÍN PESCADOR *Alcedo atthis*

LONGITUD: 16 cm.
DISTRIBUCIÓN: Europa, Asia y norte de África.
HÁBITAT: Ríos, lagos y humedales.
OBSERVACIONES: Desde una percha se zambulle para cazar peces y crustáceos.

MARTINES PESCADORES Y PARIENTES (Coraciiformes)

Son frecuentemente gregarios y a veces migradores. Todas son aves arborícolas, aunque algunas especies son terrestres, como ciertos cálaos. Son casi exclusivas del Viejo Mundo, con representación en el Nuevo Mundo limitada a 19 especies. Hay un total de 191 especies.

CÁLAO DE LAS CÉLEBES *Rhyticeros cassidix*

LONGITUD: 80 cm.
DISTRIBUCIÓN: Islas Célebes.
HÁBITAT: Bosques densos.
OBSERVACIONES: Como la mayoría de cálaos, la hembra se encierra dentro del nido, situado en un agujero de un árbol, con una mezcla de barro y excrementos, dejando solo una hendidura por donde el macho la alimenta.

CUCABURRA *Dacelo novaeguineae*

LONGITUD: 47 cm.
DISTRIBUCIÓN: Australia y Tasmania.
HÁBITAT: Bosques abiertos y zonas de matorral.
OBSERVACIONES: Pertenece al grupo de los martines pescadores, aunque vive alejado de los cursos de agua y se alimenta de lagartijas, serpientes y pequeños roedores.

ABUBILLA *Upupa epops*

LONGITUD: 37 cm.
DISTRIBUCIÓN: Europa, Asia y África.
HÁBITAT: Zonas rocosas, prados, sabana, zonas urbanas y bosques despejados.
OBSERVACIONES: Se alimenta en el suelo, donde busca gusanos y otros invertebrados.

CÁLAO BICORNE *Buceros bicornis*

LONGITUD: 1,5 m.
DISTRIBUCIÓN: India, Sudeste asiático y Sumatra.
HÁBITAT: Bosques.
OBSERVACIONES: Las hembras son más pequeñas, tienen el casco más bajo y tiene los ojos blancos, en lugar de rojos.

CARRACA *Coracias garrulus*

LONGITUD: 38 cm.
DISTRIBUCIÓN: Sur de Europa, África y Oriente Medio.
HÁBITAT: Zonas rocosas, prados, sabanas y humedales.
OBSERVACIONES: El macho corteja a su compañera con unos extraordinarios vuelos nupciales.

MOMOTO COMÚN *Momotus momotus*

LONGITUD: 39 cm.
DISTRIBUCIÓN: Centroamérica y Sudamérica.
HÁBITAT: Selvas y pastos.
OBSERVACIONES: Vive en madrigueras, que excavan ambos cónyuges.

ABEJARUCO COMÚN *Merops apiaster*

LONGITUD: 28 cm.
DISTRIBUCIÓN: Sur de Europa, África y Oriente Medio.
HÁBITAT: Prados y sabanas.
OBSERVACIONES: Se alimenta casi exclusivamente de abejas y avispas.

CUROL (Leptosomiformes)

Antiguamente se consideraba pariente cercano de las carracas dentro del orden *Coraciiformes*, pero al contrario que las verdaderas carracas y las carracas terrestres (familia *Brachypteraciidae*), en los curoles, machos y hembras tienen diferente plumaje. Hay una sola especie.

CUROL *Leptosomus discolor*

LONGITUD: 47 cm.
DISTRIBUCIÓN: Madagascar.
HÁBITAT: Selvas y bosques despejados.
OBSERVACIONES: Las hembras tienen el plumaje ocre con manchas negras. Se alimenta de insectos y reptiles.

PÁJAROS CARPINTEROS Y TUCANES (Piciformes)

En general, las piciformes son insectívoras, aunque algunas se alimentan principalmente de frutas. La mayoría son zigodáctilas (tienen dos dedos hacia delante y dos hacia atrás), lo que les sirve de gran ayuda al pasar bastante tiempo en las ramas de los árboles. Existen 380 especies.

CARPINTERITO MALAYO
Sasia abnormis
LONGITUD: 9 cm.
DISTRIBUCIÓN: Sudeste asiático.
HÁBITAT: Selva tropical.
OBSERVACIONES: Se alimenta principalmente de hormigas.

INDICADOR GRANDE
Indicator indicator
LONGITUD: 20 cm.
DISTRIBUCIÓN: África.
HÁBITAT: Sabana y bosque.
OBSERVACIONES: Cuando localiza un nido de abejas, conduce a un hombre, tejón o mandril hasta él, esperando a que lo abran para comer la cera.

JACAMAR COLIRROJO
Galbula ruficauda
LONGITUD: 20 cm.
DISTRIBUCIÓN: México y Brasil.
HÁBITAT: Bosques despejados y zonas de matorral.
OBSERVACIONES: Se alimenta de grandes mariposas que se traga enteras, aunque las golpea repetidas veces para desprenderles las alas.

MONJA DE FRENTE NEGRA
Monasa nigrifrons
LONGITUD: 29 cm.
DISTRIBUCIÓN: Norte de Sudamérica.
HÁBITAT: Selvas despejadas y zonas de ribera.
OBSERVACIONES: A veces sigue a grupos de monos en busca de los insectos que los molestan.

BARBUDO CABECIRROJO
Eubucco bourcierii
LONGITUD: 15 cm.
DISTRIBUCIÓN: Desde Costa Rica hasta Perú y Venezuela.
HÁBITAT: Bosques de montaña.
OBSERVACIONES: A diferencia de la mayoría de barbudos, en general no emite ningún reclamo.

PICO PICAPINOS
Dendrocopos major
LONGITUD: 23 cm.
DISTRIBUCIÓN: Europa, norte de Asia y África.
HÁBITAT: Bosques.
OBSERVACIONES: El extremo de su cola hace presión contra el tronco, lo que le sirve de apoyo cuando trepa.

BARBUDO PECHIRROJO
Lybius dubius
LONGITUD: 25 cm.
DISTRIBUCIÓN: Sur del Sahara.
HÁBITAT: Prados, sabana y bosques despejados.
OBSERVACIONES: Su pico serrado es una adaptación para perforar madera en busca de larvas de insectos.

BUCO PICOGORDO
Notharchus macrorhynchos
LONGITUD: 25 cm.
DISTRIBUCIÓN: Noreste de América del Sur.
HÁBITAT: Prados, sabana y bosques despejados.
OBSERVACIONES: Tiene la costumbre de esponjar su plumaje, lo que le confiere un aspecto más voluminoso.

TUCÁN PICOLAMINADO
Andigena laminirostris
LONGITUD: 40 cm.
DISTRIBUCIÓN: Andes colombianos.
HÁBITAT: Bosques de montaña.
OBSERVACIONES: Presenta una lámina córnea amarilla a ambos lados de la parte superior del pico; se desconoce su utilidad.

PICO REAL
Picus viridis
LONGITUD: 30 cm.
DISTRIBUCIÓN: Europa.
HÁBITAT: Bosques abiertos y praderas.
OBSERVACIONES: Introduce su larga lengua en los hormigueros en busca de hormigas y larvas.

TUCÁN TOCO
Ramphastos toco
LONGITUD: 60 cm.
DISTRIBUCIÓN: Este de Sudamérica.
HÁBITAT: Selva.
OBSERVACIONES: Su largo pico le permite alcanzar las frutas que están en los extremos de las ramas más delgadas, que no soportarían su peso.

AVES

PÁJAROS CANTORES (Passeriformes)

Los pájaros cantores son el grupo de vertebrados terrestres más diversificado, con más de 5.700 especies identificadas. Su éxito evolutivo se debe a diversas adaptaciones al medio muy variadas y complejas, que comprenden desde su capacidad para posarse en los árboles hasta los usos de sus cantos, su inteligencia o la complejidad y diversidad de sus nidos.

GALLITO DE ROCA
Rupicola peruviana

LONGITUD: 36 cm.
DISTRIBUCIÓN: Los Andes, de Venezuela a Bolivia.
HÁBITAT: Bosques cerca de arroyos.
OBSERVACIONES: Durante la época de apareamiento, los machos despliegan su cresta hacia delante, y les cubre por completo el pico.

BENTEVEO *Pitangus sulphuratus*

LONGITUD: 23 cm.
DISTRIBUCIÓN: Centroamérica y norte de Sudamérica.
HÁBITAT: Praderas, humedales y zonas urbanas.
OBSERVACIONES: A menudo caza peces, pero su plumaje no es impermeable, por lo que debe dejar secarlo.

GOLONDRINA COMÚN
Hiriundo rustica

LONGITUD: 18 cm.
DISTRIBUCIÓN: Todo el mundo, excepto los polos y Australia.
HÁBITAT: Prados, sabana, humedales y zonas urbanas.
OBSERVACIONES: Cría en el hemisferio norte y pasa el invierno en el hemisferio sur.

BULBUL MÚSICO
Pycnonotus jocosus

LONGITUD: 20 cm.
DISTRIBUCIÓN: India, China, sudeste asiático e introducido en Australia y EE. UU.
HÁBITAT: Bosques despejados, prados de matorral y zonas urbanas.
OBSERVACIONES: Es una ave muy ruidosa y muy común.

PITA DE LA INDIA
Pitta brachyura

LONGITUD: 18 cm.
DISTRIBUCIÓN: India.
HÁBITAT: Selva y zonas de matorral.
OBSERVACIONES: Pasa la mayor parte del tiempo en el suelo cazando insectos y gusanos, solo sube a los árboles para pasar la noche.

PINZONES DE LAS GALÁPAGOS
Género Geospiza

LONGITUD: 10-17 cm.
DISTRIBUCIÓN: Islas Galápagos.
HÁBITAT: Bosques despejados, zonas áridas y praderas.
OBSERVACIONES: Las 14 especies de pinzones de las Galápagos derivan de una sola especie, que se adaptó a diferentes hábitats modificando la forma de su pico para hacer frente a diferentes tipos de dieta.

G. scandens

G. magnirostris

G. fulginosa

HORNERO ROJO
Furnarius rufus

LONGITUD: 19 cm.
DISTRIBUCIÓN: Sur de Sudamérica.
HÁBITAT: Pradera.
OBSERVACIONES: Su nido está hecho con barro, está abovedado y está situado en lo alto de una rama o un poste, y es muy parecido a un horno de pan (de ahí su nombre).

AVE LIRA
Menura novaehollandiae

LONGITUD: 50 cm (más 50 cm la cola).
DISTRIBUCIÓN: Sudeste de Australia.
HÁBITAT: Bosques.
OBSERVACIONES: El macho desarrolla una insólita cola en forma de lira que utiliza en las danzas de cortejo, que ejecuta sobre un montículo hecho por él.

MOSQUITERO ROJO
Pyrocephalus rubinus

LONGITUD: 16 cm.
DISTRIBUCIÓN: Centroamérica y Sudamérica.
HÁBITAT: Bosques despejados y praderas de matorral.
OBSERVACIONES: Se le puede ver incluso en las islas Galápagos, que están a 1.000 km de la costa.

PETIRROJO *Erithacus rubecula*

LONGITUD: 14 cm.
DISTRIBUCIÓN: Europa, norte de África y Oriente Medio.
HÁBITAT: Bosques y zonas urbanas.
OBSERVACIONES: Las poblaciones europeas son más confiadas que las que viven en Oriente.

MALURO AZUL
Malurus cyaneus

LONGITUD: 13 cm.
DISTRIBUCIÓN: Este de Australia y Tasmania.
HÁBITAT: Sabana, prados de matorral y zonas urbanas.
OBSERVACIONES: Esta ave vive en grupos, dirigidos por una pareja dominante. Las hembras son de color marrón.

MOSQUITERO COMÚN
Phylloscopus collybita

LONGITUD: 11 cm.
DISTRIBUCIÓN: Europa, Asia central, India y norte de África.
HÁBITAT: Bosques despejados.
OBSERVACIONES: Algunas aves del norte recorren hasta 12.000 km para invernar en los bosques y las sabanas africanas.

SUIMANGA GORJIMORADO
Leptocoma sperata

LONGITUD: 9 cm.
DISTRIBUCIÓN: Sudeste asiático.
HÁBITAT: Bosques despejados, prados de matorral y manglares.
OBSERVACIONES: Los suimangas son el equivalente, en el Viejo Mundo, de los colibríes de América, aunque no hay ningún parentesco evolutivo entre ambos.

ALACAUDÓN REAL
Lanius excubitor

LONGITUD: 24 cm.
DISTRIBUCIÓN: Norteamérica, Europa, Asia y norte de África.
HÁBITAT: Bosques despejados, sabana, prados, tundra y desierto.
OBSERVACIONES: Cuando captura grandes presas, estas son empaladas en espinas naturales o alambres de púas. Al estar bien aseguradas, las presas son desgarradas por el ave.

AVE DEL PARAÍSO ROJA
Paradisaea rubra

LONGITUD: 30 cm (más 35 cm de la cola).
DISTRIBUCIÓN: Papúa Occidental.
HÁBITAT: Selva.
OBSERVACIONES: Sus plumas rojas ornamentales no están plenamente desarrolladas hasta los 6 años de edad.

HERRERILLO COMÚN
Parus caeruleus

LONGITUD: 12 cm.
DISTRIBUCIÓN: Europa, norte de África y Oriente Medio.
HÁBITAT: Bosques despejados y zonas urbanas.
OBSERVACIONES: Es una ave muy curiosa y siempre busca nuevas fuentes de comida.

CUERVO GRANDE *Corvus corax*

LONGITUD: 60 cm.
DISTRIBUCIÓN: Hemisferio norte.
HÁBITAT: Bosques, zonas costeras, lagos y zonas urbanas.
OBSERVACIONES: Coexiste con los humanos desde hace millares de años y en algunas regiones es tan abundante que se considera una especie nociva.

AKIAPOLAAU
Hemignathus wilsoni

LONGITUD: 14 cm.
DISTRIBUCIÓN: Hawái.
HÁBITAT: Bosque.
OBSERVACIONES: Está en grave peligro de extinción. Utiliza su peculiar pico para abrir los nidos de los insectos.

DIAMANTE DE GOULD
Erythrura gouldiae

LONGITUD: 14 cm.
DISTRIBUCIÓN: Norte de Australia.
HÁBITAT: Sabana.
OBSERVACIONES: En épocas de sequía, se vuelve nómada, volando grandes distancias en busca de agua.

Variaciones de plumaje

41

MAMÍFEROS

MAMÍFEROS OVÍPAROS (Monotremata)

Incluye las especies actuales de mamíferos más primitivas que retienen diversas características reptilianas, como la reproducción ovípara (son los únicos mamíferos que ponen huevos). Durante mucho tiempo, los monotremas estuvieron clasificados como un grupo de reptiles cubiertos de pelo. Hay 5 especies.

EQUIDNA DE MORRO CORTO
Tachyglossus aculeatus
LONGITUD: 40 cm.
DISTRIBUCIÓN: Australia, Tasmania y Nueva Guinea.
HÁBITAT: Bosque, sabana, prados y desiertos.
OBSERVACIONES: Se alimenta de hormigas y larvas que detecta por el olor y tal vez por unos sensores que tiene en el morro que perciben señales eléctricas.

ORNITORRINCO *Ornithorhynchus anatinus*
LONGITUD: 55 cm.
DISTRIBUCIÓN: Este de Australia y Tasmania.
HÁBITAT: Ríos y humedales.
OBSERVACIONES: Usa su pico sensible para buscar crustáceos y larvas en el lecho del río. Presenta un espolón venenosa en sus patas traseras.

MARSUPIALES (Marsupialia)

Se caracterizan por un corto desarrollo en el útero materno y completan gran parte del crecimiento agarrados a las glándulas mamarias del interior de la bolsa marsupial. Existen unas 270 especies actuales, unas 70 en América y aproximadamente 200 en Australia.

NUMBAT *Myrmecobius fasciatus*
LONGITUD: 26 cm (más 21 cm la cola).
DISTRIBUCIÓN: Sudoeste de Australia.
HÁBITAT: Bosque.
OBSERVACIONES: Tiene una larga lengua de más de 10 cm que utiliza para atrapar termitas.

ZARIGÜEYA DE VIRGINIA
Didelphis virginiana
LONGITUD: 40 cm (más 30 cm la cola).
DISTRIBUCIÓN: Centro y este de EE. UU., México y Centroamérica.
HÁBITAT: Bosques, selva, praderas y zonas urbanas
OBSERVACIONES: Cuando las crías abandonan la bolsa marsupial, se disponen sobre el dorso de la madre; puede parir hasta 18 crías por camada.

CANGURO ROJO
Macropus rufus
LONGITUD: 1,5 m (más 1,5 m la cola).
DISTRIBUCIÓN: Australia.
HÁBITAT: Bosques, desierto, praderas.
OBSERVACIONES: Pueden saltar a 3 m de altura y 10 m de longitud y pueden alcanzar una velocidad de 50 km/h.

ACRÓBATA PIGMEO
Acroabtes pygameus
LONGITUD: 7 cm (más 7 cm la cola).
DISTRIBUCIÓN: Este de Australia.
HÁBITAT: Bosques y selva.
OBSERVACIONES: Tiene una membrana de piel entre las patas anteriores y posteriores, que le permite planear hasta 25 metros.

KOALA
Phascolarctos cinereus
LONGITUD: 76 cm.
DISTRIBUCIÓN: Este de Australia.
HÁBITAT: Bosques.
OBSERVACIONES: Viven en los árboles y realizan la mayoría de sus actividades de noche. Solo se alimentan de hojas de eucalipto. Para ahorrar energía, duermen 20 horas al día.

CANGURO ARBORÍCOLA DE GOODFELLOW
Dendrolagus goodfellowi
LONGITUD: 70 cm (más 60 cm la cola).
DISTRIBUCIÓN: Papúa Nueva Guinea.
HÁBITAT: Selva.
OBSERVACIONES: Sus patas delanteras son fuertes y terminadas en garras ganchudas, destinadas a agarrarse a los troncos de los árboles.

➜ ERIZOS (Erinaceomorpha)

Incluye los conocidos erizos de Eurasia y de África y la subfamilia *Galericinae*, del sudeste asiático. Hay 25 especies.

ERIZO EUROPEO
Erinaceus europaeus

LONGITUD: 26 cm.
DISTRIBUCIÓN: Europa.
HÁBITAT: Bosques, prados y zonas urbanas.
OBSERVACIONES: Posee una envoltura de pinchos formada por varios millares de púas rígidas, resultado de una modificación del pelo.

RATA LUNAR *Echinosorex gymnurus*
LONGITUD: 36 cm (más 20 cm la cola)
DISTRIBUCIÓN: Sudeste de Asia.
HÁBITAT: Selva.
OBSERVACIONES: Marca su territorio con un olor parecido a la cebolla descompuesta.

⬇ TENRECS Y TOPOS DORADOS (Afrosoricida)

Son exclusivos de África. Existen 51 especies.

TENREC COMÚN
Tenrec ecaudatus

LONGITUD: 36 cm.
DISTRIBUCIÓN: Madagascar.
HÁBITAT: Selva y prados.
OBSERVACIONES: Cuando se siente amenazado, chilla y eriza los pelos espinosos de la espalda.

TENREC RAYADO *Hemicentetes semispinosus*
LONGITUD: 16 cm.
DISTRIBUCIÓN: Madagascar.
HÁBITAT: Selva.
OBSERVACIONES: Vive en grupos de 15 individuos, y todos ayudan a proteger cada camada, que se compone de 2 a 4 crías.

TOPO DORADO DE GRANT
Eremitalpa granti

LONGITUD: 8 cm.
DISTRIBUCIÓN: África del Sur.
HÁBITAT: Desierto.
OBSERVACIONES: Sus orejas y sus ojos son casi invisibles, es prácticamente ciego, se desplaza "nadando" por debajo de la arena.

⬇ TOPOS Y MUSARAÑAS (Soricomorpha)

Son uno de los órdenes más antiguos de mamíferos. Se encuentran en todos los continentes excepto Australia y Antártida. Hay 310 especies.

TOPO EUROPEO
Talpa europaea

LONGITUD: 15 cm.
DISTRIBUCIÓN: Europa y norte de Asia.
HÁBITAT: Bosques y prados.
OBSERVACIONES: Es prácticamente ciego ya que vive debajo de tierra, construye una serie de galerías intercomunicadas por las que se desplaza buscando lombrices y otros invertebrados.

DESMÁN DE LOS PIRINEOS
Galemys pyrenaicus

LONGITUD: 13 cm (más 13 cm la cola).
DISTRIBUCIÓN: Norte de la península Ibérica.
HÁBITAT: Ríos y humedales.
OBSERVACIONES: Es muy parecido al desmán común (*Desmana moschata*), pero es más pequeño. Su cola levemente aplanada la utiliza como timón cuando nada.

MUSARAÑA COMÚN
Sorex araneus

LONGITUD: 7 cm (más 4 cm la cola).
DISTRIBUCIÓN: Europa y norte de Asia.
HÁBITAT: Bosques y prados.
OBSERVACIONES: Debe comer el 90% del peso de su cuerpo cada 24 horas para sobrevivir.

MUSARAÑA ENANA ETRUSCA
Suncus etruscus

LONGITUD: 4 cm (más 2 cm la cola).
DISTRIBUCIÓN: Sur de Europa, India, sudeste de Asia y norte y este de África.
HÁBITAT: Sabana y prados.
OBSERVACIONES: Tiene un ritmo cardíaco elevadísimo, unas 1.200 pulsaciones por minuto.

SOLENODONTE DE LA ESPAÑOLA
Solenodon paradoxus

LONGITUD: 30 cm (más 25 cm la cola).
DISTRIBUCIÓN: Caribe (isla La Española).
HÁBITAT: Selva.
OBSERVACIONES: Usa su mordedura venenosa para defenderse y paralizar a sus presas.

TOPO ESTRELLADO
Condylura cristata

LONGITUD: 19 cm (más 8 cm la cola).
DISTRIBUCIÓN: Este de Canadá y EE. UU.
HÁBITAT: Ríos y humedales.
OBSERVACIONES: Su hocico con 22 tentáculos es un órgano sensorial que suple los otros sentidos en el hábitat subterráneo y acuático: a modo de los dedos de la mano, su precisión y sensibilidad son máximas.

MAMÍFEROS

↓ MURCIÉLAGOS (Chiroptera)

Son los únicos mamíferos capaces de volar, se han extendido por casi todo el mundo y han ocupado una gran variedad de nichos ecológicos diferentes. Con aproximadamente 1.100 especies, representan un 20% de todas las especies de mamíferos.

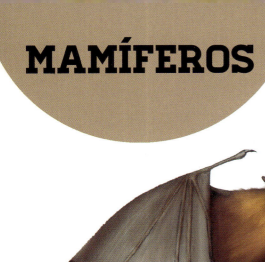

MURCIÉLAGO ENANO DE HERRADURA
Rhinolophus hipposideros

LONGITUD: 3,5 cm.
DISTRIBUCIÓN: Europa, norte de África y oeste de Asia.
HÁBITAT: Bosque y desierto.
OBSERVACIONES: Tienen una sola cría anual y las hembras son fértiles desde los dos años.

MURCIÉLAGO COMÚN
Pipistrellus pipistrellus

LONGITUD: 4,5 cm.
DISTRIBUCIÓN: Europa, Asia y norte de África.
HÁBITAT: Zonas urbanas, bosques, prados y sabana.
OBSERVACIONES: Es frecuente encontrarlos cerca de farolas y luces artificiales, cazando a los insectos que son atraídos hasta ellas.

ZORRO VOLADOR DE LA INDIA
Pteropus giganteus

LONGITUD: 35 cm.
DISTRIBUCIÓN: India.
HÁBITAT: Selva despejada y campos.
OBSERVACIONES: Con sus 120 cm de envergadura alar, es el murciélago más grande. Se alimenta de fruta y causa graves daños en las zonas de cultivos.

MURCIÉLAGO OREJUDO
Plecotus auritus

LONGITUD: 8 cm.
DISTRIBUCIÓN: Europa y Asia central.
HÁBITAT: Bosques, desiertos y zonas urbanas.
OBSERVACIONES: La vista es sumamente importante para capturar a sus presas, aunque también utiliza la ecolocalización.

VAMPIRO
Desmodus rotundus

LONGITUD: 9 cm.
DISTRIBUCIÓN: México y Sudamérica.
HÁBITAT: Selva, desierto, sabana, prados y zonas urbanas.
OBSERVACIONES: Se acerca a los animales dormidos y a la altura del cuello les clava sus incisivos; mediante su lengua, chupa la sangre que brota de la herida.

FALSO VAMPIRO AUSTRALIANO
Macroderma gigas

LONGITUD: 11 cm.
DISTRIBUCIÓN: Norte de Australia.
HÁBITAT: Selva y prados.
OBSERVACIONES: Debe su nombre a la creencia errónea de que se alimenta de sangre. Se alimenta de insectos, ranas, lagartijas y pájaros.

MURCIÉLAGO NARIZ DE ESPADA
Lonchorhina aurita

LONGITUD: 5,5 cm.
DISTRIBUCIÓN: México, Centroamérica y norte de Sudamérica.
HÁBITAT: Bosques y prados.
OBSERVACIONES: Antes de 2006, se creía extinto en Bolivia desde hacía 72 años.

VAMPIRO DE LANZA
Phyllostomus hastatus

LONGITUD: 10 cm.
DISTRIBUCIÓN: Centroamérica y norte de Sudamérica.
HÁBITAT: Bosque, zonas abiertas y ríos.
OBSERVACIONES: Tiene un comportamiento nocturno. Durante el día se refugia en cuevas. Forma colonias de más de 100 individuos.

MURCIÉLAGO DE CARA ARRUGADA
Centurio senex

LONGITUD: 5,5 cm.
DISTRIBUCIÓN: México, Centroamérica y norte de Sudamérica.
HÁBITAT: Selva.
OBSERVACIONES: Se alimenta exclusivamente de fruta. Se reproduce en cualquier mes del año excepto en mayo.

FALSO VAMPIRO ESPECTRO
Vampyrum spectrum

LONGITUD: 15 cm.
DISTRIBUCIÓN: Centroamérica y norte de Sudamérica.
HÁBITAT: Selva.
OBSERVACIONES: Puede llegar a tener una envergadura alar de casi 1 metro y es un poderoso cazador nocturno. No chupa sangre, se alimenta de roedores y pájaros.

↓ COLUGOS (Dermoptera)

Son animales arborícolas que poseen una membrana cutánea o patagio, uniendo el cuello, las extremidades y la cola. Existen 2 especies.

COLUGO DE LAS FILIPINAS
Cyanocephalus volans

LONGITUD: 30 cm
(más 30 cm la cola).
DISTRIBUCIÓN: Islas Filipinas.
HÁBITAT: Selva.
OBSERVACIONES: Tiene los incisivos en forma de peine, que les sirven tanto para arrancar los vegetales como para cuidar su pelo.

COLUGO COMÚN
Galeopterus variegatus

LONGITUD: 40 cm
(más 25 cm la cola).
DISTRIBUCIÓN: Sudeste de Asia.
HÁBITAT: Selva.
OBSERVACIONES: Utilizando su patagio desplegado, puede recorrer por el aire distancias de hasta setenta metros de un árbol a otro. También utiliza su patagio como cesta para resguardar su cría (ilustración).

↓ MUSARAÑAS ELEFANTE (Macroscelidea)

Son pequeños animales, con un hocico largo y patas traseras alargadas. Viven en el suelo y se alimentan principalmente de insectos. Todas las especies habitan en el continente africano. Antiguamente se incluían en el orden *Insectivora*, hoy en desuso, junto a los erizos, musarañas y topos. Hay 51 especies.

MUSARAÑA ELEFANTE DE PETERS
Rhynchocyon petersi

LONGITUD: 30 cm (más 26 cm la cola).
DISTRIBUCIÓN: Este de África.
HÁBITAT: Selva.
OBSERVACIONES: Si se siente amenazada, pega grandes brincos para demostrar su vigor. Esta especie está en peligro de extinción.

MUSARAÑA ELEFANTE DEL TRANSVAAL
Elephantulus myurus

LONGITUD: 12 cm (más 11 cm la cola).
DISTRIBUCIÓN: Sudáfrica.
HÁBITAT: Desiertos rocosos, prados y sabana.
OBSERVACIONES: Defiende su territorio haciendo tamborear sus patas traseras contra el suelo.

MUSARAÑA ELEFANTE ROJA
Elephantulus rufescens

LONGITUD: 12 cm (más 12 cm la cola).
DISTRIBUCIÓN: Este de África.
HÁBITAT: Desiertos rocosos, prado y sabana.
OBSERVACIONES: Viven en una sociedad matriarcal, en la que la hembra de la pareja por lo general domina al macho.

TUPAYA INDIA *Anathana ellioti*

LONGITUD: 18 cm (más 17 cm la cola).
DISTRIBUCIÓN: India.
HÁBITAT: Selva.
OBSERVACIONES: Esta especie no es particularmente arbórea y está mucho tiempo en el suelo o trepando cerca de terreno rocoso en búsqueda de insectos y semillas.

↓ TUPAYAS (Scandentia)

Son animales pequeños de aspecto primitivo que viven en las selvas del sur de Asia. Se trata del grupo más cercano a los primates, después de los dermópteros. Hay 19 especies.

TUPAYA DE BORNEO
Tupaia tana

LONGITUD: 12 cm (más 11 cm la cola).
DISTRIBUCIÓN: Sudeste de Asia (Borneo, Indonesia y Malasia).
HÁBITAT: Selva.
OBSERVACIONES: El color de la cola varía entre naranja, amarillo y rojo, dependiendo de la ubicación geográfica.

TUPAYA DE COLA PLUMOSA
Ptilocercus lowii

LONGITUD: 11 cm (más 14 cm la cola).
DISTRIBUCIÓN: Sudeste de Asia.
HÁBITAT: Selva.
OBSERVACIONES: Se alimenta con un néctar alcohólico proveniente de la palmera *Eugeissona tristis*.

MAMÍFEROS

Es un orden de mamíferos al que pertenecen los humanos y sus parientes más cercanos. Los miembros de este grupo tienen cinco dedos y un patrón dental común. Hay 336 especies.

LORIS ESBELTO
Loris tardigradus

LONGITUD: 19 cm.
DISTRIBUCIÓN: Sur de India y Sri Lanka.
HÁBITAT: Selva.
OBSERVACIONES: Sus ojos grandes y orientados hacia delante le permiten determinar la profundidad con precisión.

AYE-AYE
Daubentonia madagascariensis

LONGITUD: 40 cm (más 40 cm la cola).
DISTRIBUCIÓN: Madagascar.
HÁBITAT: Selva.
OBSERVACIONES: Usa su dedo medio, muy largo y fino, para extraer gusanos de debajo de la corteza de los árboles.

LÉMUR DE COLA ANILLADA
Lemur catta

LONGITUD: 40 cm (más 55 cm la cola).
DISTRIBUCIÓN: Sur de Madagascar.
HÁBITAT: Selva y prados de matorral.
OBSERVACIONES: Al igual que otros lémures, marcan el territorio con sus glándulas odoríferas situadas en la muñeca.

CHIMPANCÉ
Pan troglodytes

LONGITUD: 60-90 cm.
DISTRIBUCIÓN: Centro de África.
HÁBITAT: Selva.
OBSERVACIONES: Son los parientes vivos más cercanos al ser humano; su rama evolutiva se separó de la rama de los humanos hace 7 millones de años y comparten el 96% del ADN con ellos.

TITI LEÓN DORADO
Leontopithecus rosalia

LONGITUD: 20 cm (más 32 cm la cola).
DISTRIBUCIÓN: Este de Sudamérica (cuenca del río São Joao).
HÁBITAT: Selva.
OBSERVACIONES: Solo quedan mil individuos. Esta especie está catalogada como especie en grave peligro de extinción desde 2003.

MONO ROJO
Erythrocebus pata

LONGITUD: 70 cm (más 50 cm la cola).
DISTRIBUCIÓN: África oriental.
HÁBITAT: Desierto y sabana.
OBSERVACIONES: Los machos presentan barba y bigotes. Gracias a sus largas patas, alcanza velocidades de 55 km/h, siendo el primate más rápido.

GORILA *Gorila gorila*

ALTURA: 1,8 m.
DISTRIBUCIÓN: Centro de África.
HÁBITAT: Selva.
OBSERVACIONES: Vive en grupos estables, de entre 3 y 20 individuos, con un único macho adulto que presenta la espalda blanca (espalda plateada).

MANDRIL *Mandrillus sphinx*

LONGITUD: 63-83 cm.
DISTRIBUCIÓN: Oeste de África central.
HÁBITAT: Selva.
OBSERVACIONES: Son omnívoros, se alimentan principalmente de plantas, insectos y otros animales pequeños, aunque se ha podido observar a los machos cazando y devorando pequeños antílopes.

Macho

Hembra

OSOS HORMIGUEROS Y PARIENTES (*Xenarthra*)

Son exclusivamente americanos. Los xenartros son un grupo que incluye formas muy heterogéneas. El único carácter externo que tienen en común son las uñas en forma de garra grandes y robustas. Hay 29 especies.

OSO HORMIGUERO GIGANTE
Myrmecophaga tridactyla

LONGITUD: 1,2 m (más 90 cm la cola).
DISTRIBUCIÓN: Centroamérica y Sudamérica.
HÁBITAT: Selva despejada y sabana.
OBSERVACIONES: No tiene buena vista; se guía por su olfato, que es muy agudo, y con él localiza los hormigueros y termiteros. Utiliza su lengua de más 50 cm para capturar insectos.

TAMANDUA
Tamandua tetradactyla

LONGITUD: 55 cm (más 42 cm la cola).
DISTRIBUCIÓN: Noreste de Sudamérica.
HÁBITAT: Selva y praderas.
OBSERVACIONES: También llamado oso *mielero*, ya que, aparte de hormigas y termitas, también se alimenta de miel y abejas.

ARMADILLO GIGANTE
Priodontes maximus

LONGITUD: 1 m (más 50 cm la cola).
DISTRIBUCIÓN: Sudamérica.
HÁBITAT: Selva y campos.
OBSERVACIONES: De hábitos nocturnos, su dieta se compone básicamente de hormigas y termitas, y puede llegar a consumir toda la población de un termitero en una noche.

PEREZOSO
Bradypus tridactylus

LONGITUD: 50 cm.
DISTRIBUCIÓN: Este de Sudamérica.
HÁBITAT: Selva.
OBSERVACIONES: Pasa la mayor parte de su tiempo en los árboles; en el suelo es muy torpe, incapaz de caminar (solo se arrastra), pero es muy buen nadador.

ARMADILLO DE NUEVE BANDAS
Dasypus novencinctus

LONGITUD: 45 cm (más 35 cm la cola).
DISTRIBUCIÓN: Sur de EE. UU., México, Caribe, Centroamérica y Sudamérica.
HÁBITAT: Selva y campos.
OBSERVACIONES: Se enrolla sobre sí mismo para dormir, o ante un peligro, aunque por norma general prefiere huir.

PANGOLINES (*Pholidota*)

Los pangolines tienen grandes escamas en la piel, siendo los únicos mamíferos que las poseen, y viven en las regiones tropicales de África y Asia. No tienen dientes. Hay 7 especies.

PANGOLÍN ARBORÍCOLA
Phataginus tricuspis

LONGITUD: 45 cm (más 50 cm la cola).
DISTRIBUCIÓN: África central y occidental.
HÁBITAT: Selva despejada y sabana.
OBSERVACIONES: Utiliza su larga cola prensil para agarrarse a las ramas.

PANGOLÍN CHINO
Manis pentadactyla

LONGITUD: 60 cm (más 30 cm la cola).
DISTRIBUCIÓN: Este y sudeste de Asia.
HÁBITAT: Selva, bosques y campos.
OBSERVACIONES: Son nocturnos, con la habilidad de trepar a los árboles, y son excelentes nadadores. Como mecanismo de defensa, se enrollan en forma de bola escondiendo su cara bajo la cola.

PANGOLÍN DEL CABO
Smutsia temmincki

LONGITUD: 66 cm (más 50 cm la cola).
DISTRIBUCIÓN: Este y sur de África.
HÁBITAT: Selva despejada, bosques y sabana.
OBSERVACIONES: Se alimenta casi exclusivamente de termitas u hormigas; para capturarlas usa una larga y pegajosa lengua (hasta 50 cm).

MAMÍFEROS

ROEDORES (Rodentia)

Pueden hallarse en gran número en todos los continentes salvo Antártida. Tienen incisivos afilados, que usan para roer la madera, perforar la comida y morder a los depredadores. Muchos se alimentan de semillas o plantas, aunque algunos tienen dietas más variadas. Hay 2.277 especies.

ARDILLA COMÚN
Sciurus vulgaris

LONGITUD: 20 cm (más 15 cm la cola).
DISTRIBUCIÓN: Europa y este de Asia.
HÁBITAT: Bosques y montaña.
OBSERVACIONES: Al ver a un enemigo, bate la cola y produce ruidos estrepitosos para que el resto de sus familiares lo sepan.

CASTOR AMERICANO
Castor canadensis

LONGITUD: 80 cm (más 27 cm la cola).
DISTRIBUCIÓN: Norteamérica.
HÁBITAT: Ríos y humedales.
OBSERVACIONES: Tienen una habilidad natural para construir diques en ríos y arroyos; crean lagunas artificiales, donde construyen sus madrigueras.

HÁMSTER COMÚN
Cricetus cricetus

LONGITUD: 25 cm (más 7 cm la cola).
DISTRIBUCIÓN: Europa y Asia central.
HÁBITAT: Prado y sabana.
OBSERVACIONES: En 2007 la Comisión Europea amenazó con multar a Francia por no proteger la última población existente de hámsteres vulgares en Europa occidental.

LIRÓN COMÚN
Muscardinus avellanarius

LONGITUD: 7 cm (más 6 cm la cola).
DISTRIBUCIÓN: Europa.
HÁBITAT: Bosques.
OBSERVACIONES: A partir de octubre, los lirones hibernan en nidos construidos en el suelo entre las hojas caídas del bosque. Despiertan en primavera (abril).

RATA NEGRA *Rattus rattus*

LONGITUD: 20 cm (más 20 cm la cola).
DISTRIBUCIÓN: Todo el mundo excepto regiones polares.
HÁBITAT: Prados, sabana y zonas urbanas.
OBSERVACIONES: Esta especie es originaria de Asia tropical, pero colonizó Europa en el siglo VIII, y desde allí se dispersó por el resto del mundo, adaptándose a casi todos los hábitats.

RATÓN ESPIGUERO
Micromys minutus

LONGITUD: 5 cm (más 5 cm la cola).
DISTRIBUCIÓN: Europa y Asia.
HÁBITAT: Selva y prados.
OBSERVACIONES: La siega mecanizada le afecta más que a otros roedores, al destruir sus nidos construidos mayoritariamente entre los tallos de las espigas.

PUERCO ESPÍN DEL CABO
Hystrix africaeaustralis

LONGITUD: 70 cm (más 10 cm la cola).
DISTRIBUCIÓN: Sur y centro de África.
HÁBITAT: Selva, sabana, montaña y bosque.
OBSERVACIONES: Cuando se siente amenazado, levanta sus largas púas; este método disuade a la mayoría de depredadores.

COENDÚ *Coendou prehensilis*

LONGITUD: 50 cm (más 50 cm la cola).
DISTRIBUCIÓN: Norte y este de Sudamérica.
HÁBITAT: Selva.
OBSERVACIONES: Es de hábitos nocturnos. Vive en las ramas de los árboles, de las que casi nunca baja. No salta y, para cruzar un espacio entre dos árboles, debe descender hasta el suelo.

CHINCHILLA
Chinchilla lanigera

LONGITUD: 22 cm (más 13 cm la cola).
DISTRIBUCIÓN: Sudoeste de Sudamérica.
HÁBITAT: Montaña.
OBSERVACIONES: Son muy apreciadas en peletería y han sido cazadas en gran cantidad, lo que las ha llevado al borde de la extinción.

RATA ALMIZCLERA
Ondatra zibethicus

LONGITUD: 25 cm (más 20 cm la cola).
DISTRIBUCIÓN: Norteamérica, norte de Europa y Asia.
HÁBITAT: Ríos y humedales.
OBSERVACIONES: Viven en nidos construidos en los riachuelos, estanques o lagos, a los que acceden por un túnel cuya una entrada está bajo el agua.

ARDILLA GIGANTE
Ratufa indica

LONGITUD: 40 cm (más 55 cm la cola).
DISTRIBUCIÓN: India.
HÁBITAT: Selva.
OBSERVACIONES: Puede saltar de rama en rama distancias de hasta 6 metros.

LEMMING COMÚN
Lemmus lemmus

LONGITUD: 13 cm (más 1,5 cm la cola).
DISTRIBUCIÓN: Norte de Europa.
HÁBITAT: Prado y montaña.
OBSERVACIONES: Realizan grandes migraciones de cientos de kilómetros cada 9 u 11 años para ampliar los territorios ocupados.

JERBO DE EGIPTO
Jaculus jaculus

LONGITUD: 11 cm (más 16 cm la cola).
DISTRIBUCIÓN: Norte de África y oeste de Asia.
HÁBITAT: Desierto.
OBSERVACIONES: Pueden saltar con gran facilidad en el suelo arenoso gracias a sus enormes patas traseras, cuyos dedos están provistos de pelos (a modo de raquetas para la nieve).

RATA TOPO DESNUDA
Heterocephalus glaber

LONGITUD: 9 cm (más 4 cm la cola).
DISTRIBUCIÓN: Este de África.
HÁBITAT: Desierto.
OBSERVACIONES: Posee una estructura social especializada: únicamente hay una hembra reproductiva (reina), siendo estériles el resto de los individuos de la colonia, al igual que ocurre con las hormigas, termitas y abejas.

CAPIBARA
Hydrochaerus hydrochaeris

LONGITUD: 1,3 m.
DISTRIBUCIÓN: Norte y este a Sudamérica.
HÁBITAT: Humedales, ríos, praderas.
OBSERVACIONES: Si advierte peligro, avisa a los demás con un ladrido corto, y de inmediato todos corren trotando con una velocidad equiparable a la de un caballo a fin de ponerse a salvo en el agua.

⬇ CONEJOS, LIEBRES Y PICAS (*Lagomorpha*)

Hasta principios del siglo XX habían sido considerados como roedores pero los *Lagomorpha* tienen dos pares de dientes incisivos superiores, frente al único par existente en los roedores. Hay 80 especies.

LIEBRE ÁRTICA
Lepus arcticus

LONGITUD: 60 cm (más 5 cm la cola).
DISTRIBUCIÓN: Norte de Canadá y Groenlandia.
HÁBITAT: Praderas árticas.
OBSERVACIONES: Tiene unos pies anchos y completamente cubiertos de pelo que distribuyen el peso del cuerpo impidiendo que se hunda en la nieve blanda.

PICA DE NORTEAMÉRICA
Ochotona princeps

LONGITUD: 19 cm.
DISTRIBUCIÓN: Norteamérica.
HÁBITAT: Montaña.
OBSERVACIONES: A finales de verano reúne alimento (hierba y hojas) y los guarda en su madriguera, para tener comida durante el duro invierno de las zonas montañosas donde habita.

CONEJO EUROPEO

Oryctolagus cuniculus

LONGITUD: 40 cm (más 4 cm la cola).
DISTRIBUCIÓN: Europa, norte de África, Australia, Nueva Zelanda y sur de Sudamérica.
HÁBITAT: Prados.
OBSERVACIONES: Es originario de Europa y ha sido introducido en muchas regiones donde supone una grave plaga.

Pelaje de invierno

Pelaje de verano

MAMÍFEROS

BALLENAS Y DELFINES (Cetacea)

Están completamente adaptados a la vida acuática. Presentan un cuerpo fusiforme, semejante al de los peces, que los hace más hidrodinámicos. Las patas anteriores se han transformado en aletas, mientras que las posteriores han desaparecido como tales, aunque quedan algunos huesos vestigiales. Hay 83 especies.

BALLENA AZUL
Balaenoptera musculus

LONGITUD: 30 m.
DISTRIBUCIÓN: Todo el mundo.
HÁBITAT: Mar abierto.
OBSERVACIONES: Es el animal más grande del planeta y, con sus 160 toneladas de peso, también el más pesado; puede consumir 6 toneladas de crustáceos *Euphausiidae* al día.

ELEFANTES (Proboscidea)

Solo hay 3 especies, un escaso legado de un grupo muy diversificado que apareció hace 60 millones de años.

ELEFANTE AFRICANO *Loxodonta africana*

LONGITUD: 4,9 m.
DISTRIBUCIÓN: África.
HÁBITAT: Selva despejada, montaña, sabana y desierto.
OBSERVACIONES: La tercera especie de elefante, *Loxodonta cyclotis*, es más pequeña y vive solo en la selva del centro de África.

ELEFANTE ASIÁTICO
Elephas maximus

LONGITUD: 3,5 m.
DISTRIBUCIÓN: Sur y sudeste de Asia.
HÁBITAT: Selva y montaña.
OBSERVACIONES: A diferencia que su pariente africano, el elefante asiático ha sido domesticado desde tiempos muy antiguos con el fin de llevar cargas, ayudar en la construcción o transportar personas.

CERDO HORMIGUERO
(Tubulidentata)

A pesar de su parecido superficial con los osos hormigueros sudamericanos, debido a convergencia evolutiva, no guarda relación con ellos. Hay una sola especie.

CERDO HORMIGUERO
Orycteropus afer

LONGITUD: 1,6 m (más 50 cm la cola).
DISTRIBUCIÓN: África.
HÁBITAT: Sabana.
OBSERVACIONES: Es un animal principalmente nocturno. Excava madrigueras de hasta 13 metros de longitud.

DELFÍN COMÚN
Delphinus delphis

LONGITUD: 2,5 m.
DISTRIBUCIÓN: Aguas tropicales y templadas de todo el mundo.
HÁBITAT: Mar abierto.
OBSERVACIONES: Estudios hechos en 1990 demostraron que los ejemplares que viven más cerca de la costa son una especie separada (*Delphinus capensis*).

DELFÍN DEL AMAZONAS
Inia geoffrensis

LONGITUD: 2,5 m.
DISTRIBUCIÓN: Sudamérica (ríos Amazonas y Orinoco).
HÁBITAT: Ríos.
OBSERVACIONES: Tiene unos ojos diminutos por lo que se cree que es prácticamente ciego, vive en aguas turbias y caza mediante la ecolocalización.

CALDERON TROPICAL *Globicephala macrorhynchus*

LONGITUD: 5-7 m.
DISTRIBUCIÓN: Aguas templadas y tropicales de todo el mundo.
HÁBITAT: Mar abierto.
OBSERVACIONES: Es activo durante la noche, se alimenta en aguas profundas y puede sumergirse a 500 metros durante más de 15 minutos.

DAMÁN ARBORÍCOLA
Dendrohyrax dorsalis

LONGITUD: 40 cm.
DISTRIBUCIÓN: Centro de África.
HÁBITAT: Selva, bosque y montaña.
OBSERVACIONES: Tiene una mancha blanquecina en el dorso. En esta mancha posee una glándula odorífera que segrega un olor que usan para reconocerse entre ellos.

⬇ DAMANES (*Hyracoidea*)

Aunque guardan cierto parecido externo con roedores, en realidad son ungulados primitivos. Actualmente se consideran los parientes vivos más próximos a los elefantes y los manatíes. Existen 8 especies.

DAMÁN DE BRUCE *Heterohyrax brucei*

LONGITUD: 49 cm.
DISTRIBUCIÓN: Este de África.
HÁBITAT: Sabana y desierto rocoso.
OBSERVACIONES: Es muy abundante, hay 25 subespecies.

DAMÁN DEL CABO
Procavia capensis

LONGITUD: 50 cm.
DISTRIBUCIÓN: África.
HÁBITAT: Montaña, desierto rocoso y sabana.
OBSERVACIONES: Tiene un par de largos incisivos (que utiliza como defensas) y molares que se asemejan a los del rinoceronte.

⬇ MANATÍES Y DUGONGS (*Sirenia*)

Los elefantes son sus parientes más cercanos. Son los únicos mamíferos marinos herbívoros. Junto con los cetáceos, son los únicos mamíferos adaptados completamente a la vida acuática. Hay 4 especies.

MANATÍ DE LAS ANTILLAS
Trichechus manatus

LONGITUD: 4 m.
DISTRIBUCIÓN: Sudeste de EE. UU., noreste de Sudamérica y Caribe.
HÁBITAT: Ríos, estuarios y costas.
OBSERVACIONES: Es muy sensible al frío; si la temperatura del agua baja por debajo de los 20 °C, mueren porque su tracto digestivo se cierra.

DUGONG *Dugong dugon*

LONGITUD: 4 m.
DISTRIBUCIÓN: Este de África, sur y sudeste de Asia, Australia e islas del Pacífico.
HÁBITAT: Estuarios y costas.
OBSERVACIONES: Se alimenta únicamente de algas en las zonas costeras, donde suele pastar por las noches.

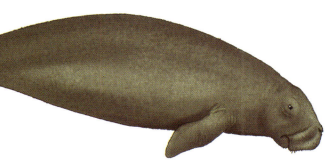

MAMÍFEROS

↓ CARNÍVOROS (*Carnivora*)

Aun cuando la mayoría de los miembros de este orden come carne, algunos tienen una dieta mixta e incluso son herbívoros, aunque todos se caracterizan por tener un mínimo de cuatro dedos en cada extremidad y caninos muy desarrollados. Hay 283 especies.

ZORRO ROJO
Vulpes vulpes

LONGITUD: 80 cm (más 40 cm la cola).
DISTRIBUCIÓN: Ártico, Norteamérica, Europa, Asia, norte de África y Australia.
HÁBITAT: Bosques, montaña, desierto, sabana, tundra y zonas urbanas.
OBSERVACIONES: Es activo durante el día y la noche; es muy adaptable. Su color de pelaje va desde el rojo al negro, pasando por el blanco, anaranjado y gris.

LOBO GRIS *Canis lupus*

LONGITUD: 1,4 m (más 40 cm la cola).
DISTRIBUCIÓN: Norteamérica, Groenlandia, Europa y Asia.
HÁBITAT: Bosques, montaña y tundra.
OBSERVACIONES: Es el miembro más grande de la familia de los cánidos y el antepasado del perro domestico.

OSO PARDO *Ursus arctos*

LONGITUD: 2,9 m.
DISTRIBUCIÓN: Norte de Norteamérica, Europa y Asia.
HÁBITAT: Bosques, montaña, desierto y prados.
OBSERVACIONES: Hay varias subespecies, que se diferencian unas de otras por la coloración y el tamaño. Encontramos, por ejemplo, el grizzly (*U. arctos horribilis*) y el kodiak (*U. arctos middendorffi*).

PANDA GIGANTE
Ailuropoda melanoleuca

LONGITUD: 1,8 m.
DISTRIBUCIÓN: Este de Asia.
HÁBITAT: Bosque y montaña.
OBSERVACIONES: Manipula el bambú, del cual se alimenta exclusivamente, con gran destreza, debido a una extensión del hueso de la muñeca que se proyecta como un falso pulgar.

MAPACHE COMÚN *Procyon lotor*

LONGITUD: 60 cm (más 30 cm la cola).
DISTRIBUCIÓN: Norteamérica y Centroamérica.
HÁBITAT: Bosques, selva, desierto, humedales, manglares, zonas urbanas.
OBSERVACIONES: Se han adaptado muy bien a vivir en áreas urbanas, donde se pueden alimentar de basura y alimentos para las mascotas.

COMADREJA
Mustela nivalis

LONGITUD: 17 cm (más 4 cm la cola).
DISTRIBUCIÓN: Norteamérica, Europa y Asia.
HÁBITAT: Bosques, montaña, praderas, tundra.
OBSERVACIONES: La diferencia entre la comadreja y el armiño es que este último tiene la punta de la cola negra.

NUTRIA COMÚN
Lutra lutra

LONGITUD: 68 cm (más 40 cm la cola).
DISTRIBUCIÓN: Europa y Asia.
HÁBITAT: Ríos, humedales y costas.
OBSERVACIONES: A menudo juega con sus presas durante un rato, antes de comérselas, cosa que le ha valido el nombre de *gato de agua*.

COMADREJA DE NUCA BLANCA
Poecilogale albinucha

LONGITUD: 30 cm (más 20 cm la cola).
DISTRIBUCIÓN: Centro y sur de África.
HÁBITAT: Sabana.
OBSERVACIONES: Como las mofetas y tejones, excreta un fluido maloliente procedente de sus glándulas anales.

TEJÓN AMERICANO
Taxidea taxus

LONGITUD: 70 cm (más 15 cm la cola).
DISTRIBUCIÓN: Norteamérica.
HÁBITAT: Bosque y pradera.
OBSERVACIONES: Sus presas más comunes son pequeños mamíferos, aves que anidan en el suelo y reptiles.

TIGRE
Panthera tigris

LONGITUD: 2,7 m (más 1 m la cola).
DISTRIBUCIÓN: Sur y este de Asia.
HÁBITAT: Selva, bosques y montaña.
OBSERVACIONES: Su pelaje a rayas le permite camuflarse entre la vegetación. El patrón de rayas es único en cada ejemplar.

LEÓN
Panthera leo

LONGITUD: 2,5 m (más 1 m la cola).
DISTRIBUCIÓN: África del Sur y sur de Asia (selva de Gir).
HÁBITAT: Selva, desierto y sabana.
OBSERVACIONES: Solo quedan 200 ejemplares en el sur de Asia (*Panthera leo persica*).

LEOPARDO *Panthera pardus*

LONGITUD: 1,9 m (más 1 m la cola).
DISTRIBUCIÓN: África y Asia.
HÁBITAT: Selva, montaña, prado, sabana y desierto.
OBSERVACIONES: La pantera negra es una variación negra del leopardo y el jaguar (*Panthera onca*).

LINCE IBÉRICO *Lynx pardina*

LONGITUD: 1 m.
DISTRIBUCIÓN: Sur de la península Ibérica.
HÁBITAT: Bosque, prado y humedales.
OBSERVACIONES: Con un total de algo más de 300 individuos, es uno de los felinos más amenazados del mundo.

HIENA MANCHADA
Crocuta crocuta

LONGITUD: 1,3 m (más 25 cm la cola).
DISTRIBUCIÓN: África.
HÁBITAT: Desierto, montaña y sabana.
OBSERVACIONES: Se alimentan tanto de cadáveres como de presas vivas, principalmente de animales moribundos y enfermos. Las disputas por los cadáveres de animales entre hienas manchadas y leones son comunes.

MORSA
Odobenus rosmarus

LONGITUD: 3,5 m.
DISTRIBUCIÓN: Costa ártica.
HÁBITAT: Costa y mar abierto.
OBSERVACIONES: Tanto los machos como las hembras poseen dos grandes colmillos que pueden alcanzar un metro de longitud.

FOCA DE WEDDELL
Leptonychotes weddelli

LONGITUD: 2,8 m.
DISTRIBUCIÓN: Aguas antárticas.
HÁBITAT: Mar abierto y costas.
OBSERVACIONES: Para capturar a sus presas se puede sumergir a profundidades de 500 metros durante casi una hora.

FOSA *Cryptoprocta ferox*

LONGITUD: 75 cm (más 70 cm la cola).
DISTRIBUCIÓN: Madagascar.
HÁBITAT: Selva.
OBSERVACIONES: Dada la ausencia de otros mamíferos carnívoros en Madagascar, es el depredador dominante de la isla y principal cazador de los lémures.

LEÓN MARINO
Otaria flavescens

LONGITUD: 2,8 m.
DISTRIBUCIÓN: Costa sudamericana.
HÁBITAT: Costa y mar abierto.
OBSERVACIONES: Los machos adultos pesan unos 300 kg, el doble que las hembras.

SURICATA
Suricata suricatta

LONGITUD: 30 cm (más 20 cm la cola).
DISTRIBUCIÓN: Sur de África.
HÁBITAT: Desierto y sabana.
OBSERVACIONES: Mientras la mayoría de los miembros de la manada se alimenta, algunos actúan como centinelas, adoptando una postura erguida.

MAMÍFEROS

⬇ UNGULADOS DE PEZUÑAS PARES (Artiodactyla)

Sus extremidades terminan en un número par de dedos, de los cuales apoyan en el suelo por lo menos dos.
Existen 235 especies.

HIPOPÓTAMO
Hippopotamus amphibius

LONGITUD: 4 m (más 40 cm la cola).
DISTRIBUCIÓN: África.
HÁBITAT: Prados, humedales y ríos.
OBSERVACIONES: Los adultos no flotan y no pueden nadar. Cuando se encuentran en aguas profundas, se propulsan dando pequeños saltos por el fondo. Se alimentan en tierra firme y durante la noche, ya que el sol les daña seriamente su delicada piel.

MUFLÓN ASIÁTICO
Ovis orientalis

LONGITUD: 1,2 m (más 7 cm la cola).
DISTRIBUCIÓN: Europa y centro de Asia.
HÁBITAT: Montaña.
OBSERVACIONES: Es el antepasado de todas las especies domésticas. Sus cuernos curvos pueden llegar a medir 70 cm.

BISONTE AMERICANO
Bison bison

LONGITUD: 3,4 m (más 50 cm la cola).
DISTRIBUCIÓN: Norteamérica.
HÁBITAT: Prados, bosques y montaña.
OBSERVACIONES: Antes de la llegada de los colonos, se estima que en Norteamérica había unos 100 millones de ejemplares; hoy en día está prácticamente extinto en estado natural.

JIRAFA
Giraffa camelopardalis

LONGITUD: 4,5 m (más 90 cm la cola).
DISTRIBUCIÓN: África.
HÁBITAT: Sabana.
OBSERVACIONES: Existen 9 subespecies, *G. c. rothschildi* es la de la ilustración. Es el animal más alto de la Tierra, puede llegar a los 5,8 m. Puede correr a más de 50 km/h. Su lengua mide 60 cm y la utiliza para coger las hojas a mayor altura.

DROMEDARIO
Camelus dromedarius

LONGITUD: 3 m (más 50 cm la cola).
DISTRIBUCIÓN: Norte y este de África y Oriente Medio.
HÁBITAT: Desierto.
OBSERVACIONES: En la joroba almacenan un depósito de grasa del que pueden nutrirse si es necesario. Puede llegar a beber hasta 150 litros de agua en una sola toma. Fue introducido por el hombre en Australia durante el siglo XIX.

JABALÍ *Sus scrofa*

LONGITUD: 1,7 m (más 30 cm la cola).
DISTRIBUCIÓN: Europa, norte de África y Asia.
HÁBITAT: Bosques, selva y humedales.
OBSERVACIONES: Ha sido introducido en América y Australia. Las crías nacen con unas rayas longitudinales a lo largo del cuerpo. Estas desaparecen a lo largo de los primeros meses de vida.

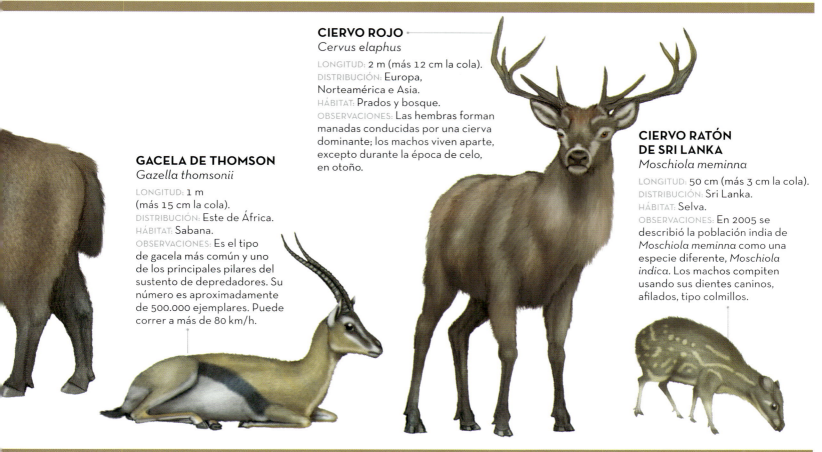

CIERVO ROJO
Cervus elaphus

LONGITUD: 2 m (más 12 cm la cola).
DISTRIBUCIÓN: Europa, Norteamérica e Asia.
HÁBITAT: Prados y bosque.
OBSERVACIONES: Las hembras forman manadas conducidas por una cierva dominante; los machos viven aparte, excepto durante la época de celo, en otoño.

GACELA DE THOMSON
Gazella thomsonii

LONGITUD: 1 m (más 15 cm la cola).
DISTRIBUCIÓN: Este de África.
HÁBITAT: Sabana.
OBSERVACIONES: Es el tipo de gacela más común y uno de los principales pilares del sustento de depredadores. Su número es aproximadamente de 500.000 ejemplares. Puede correr a más de 80 km/h.

CIERVO RATÓN DE SRI LANKA
Moschiola meminna

LONGITUD: 50 cm (más 3 cm la cola).
DISTRIBUCIÓN: Sri Lanka.
HÁBITAT: Selva.
OBSERVACIONES: En 2005 se describió la población india de *Moschiola meminna* como una especie diferente, *Moschiola indica*. Los machos compiten usando sus dientes caninos, afilados, tipo colmillos.

⬇ UNGULADOS DE PEZUÑAS IMPARES
(*Perissodactyla*)

Se caracterizan por la posesión de extremidades con un número impar de dedos terminados en pezuñas, y con el dedo central, que sirve de apoyo, más desarrollado que los demás. Son herbívoros. Hay 19 especies.

TAPIR MALAYO
Tapirus indicus

LONGITUD: 2,3 m (más 6 cm la cola).
DISTRIBUCIÓN: Sudeste de Asia.
HÁBITAT: Selva.
OBSERVACIONES: Es el tapir más grande y el único que habita en el Viejo Mundo. Tiene un hocico alargado en forma de pequeña trompa, que usa principalmente para arrancar las hojas, hierbas y raíces que constituyen su alimento.

CEBRA DE BURCHELL
Equus burchelli

LONGITUD: 2,4 m (más 50 cm la cola).
DISTRIBUCIÓN: África.
HÁBITAT: Sabana.
OBSERVACIONES: Su característica piel de rayas blancas y negras hace que sus atacantes perciban una imagen borrosa cuando la persiguen.

RINOCERONTE BLANCO
Ceratotherium simum

LONGITUD: 4 m (más 70 cm la cola).
DISTRIBUCIÓN: África.
HÁBITAT: Sabana.
OBSERVACIONES: Su cuerno puede llegar a medir hasta 1,3 m. Existen dos poblaciones: la del sur (*C. S. simum*), con más de 8.500 ejemplares, y la del este (*C. S. cottoni*), con solo 30 ejemplares, que está críticamente amenazado.

CABALLO DE PRZEWALSKI
Equus przewalskii

LONGITUD: 2,5 m (más 90 cm la cola).
DISTRIBUCIÓN: Este de Asia.
HÁBITAT: Prados.
OBSERVACIONES: Su estado actual es crítico, reducido a unas pocas manadas que viven en Mongolia y China, y varios ejemplares más en parques zoológicos de otros países. La población total es de unos mil ejemplares en todo el mundo.